全球趋势2030

变换的世界

美国国家情报委员会◎编　　中国现代国际关系研究院美国研究所◎译

GLOBAL TRENDS 2030

Alternative Worlds

时事出版社
北京

图书在版编目（CIP）数据

全球趋势 2030：变换的世界/美国国家情报委员会编；中国现代国际关系研究院美国研究所译. —北京：时事出版社，2016.4（2019.12 重印）
ISBN 978-7-80232-925-6

Ⅰ.①全… Ⅱ.①美…②中… Ⅲ.①国际关系—研究 Ⅳ.①D81

中国版本图书馆 CIP 数据核字（2015）第 295932 号

责任编辑：杨安哲
封面设计：杨 洋

出 版 发 行：时事出版社
地　　　址：北京市海淀区万寿寺甲 2 号
邮　　　编：100081
发 行 热 线：（010）88547590　88547591
读者服务部：（010）88547595
传　　　真：（010）88547592
电 子 邮 箱：shishichubanshe@ sina. com
网　　　址：www. shishishe. com
印　　　刷：北京旺都印务有限公司

开本：787×1092　1/16　印张：14　字数：180 千字
2016 年 4 月第 1 版　2019 年 12 月第 3 次印刷
定价：48.00 元

多极化世界与转折时期的挑战
（代序）

美国国家情报委员会2012年12月发布了第五份全球发展趋势研究报告《全球趋势2030：变换的世界》（以下简称《2030》）。基于机构自身的权威性和前四份报告建立的良好声誉，《2030》一如既往地受到广泛关注和普遍赞誉。作为世界发展变化的中长期预测，报告提出未来15—20年世界经济、政治、社会和安全发展的若干大趋势，重大变数以及可能的前景。报告三大部分，11万字（中译文），洋洋洒洒、收放有致，再次显示广阔的视野、敏锐的洞察力和专业性的分析，同时又毫不含糊地彰显其一贯的战略性、综合性和前瞻性特点。

对比前几份报告，此份报告中最令人印象深刻的提法大概是对“权力扩散”大趋势的描述：“不会有任何霸权主义强国。权力将会转移到一个多极世界中的一个个网络和联盟之中。”[①] 这是一个重要观点，而出自于美国国家情报委员会的全球趋势研究报告，更值得玩味。

事实上，包括笔者在内的不少人认为，多极化正在成为当今国际政治的现实。政治的基本问题是如何处理

① 引自《全球趋势2030》“报告提要”部分，见正文第1页。

权力与权利的关系。国际政治的基本问题是如何处理国家间权力与权利的关系。竞争与合作、战争与和平，是国家间政治的不同选择方式。自20世纪第二次世界大战结束以来，世界和平已经维系了近70年。无论功过是非如何评说，这种状况是在一定的国际权力体系之下实现的。国际权力体系的基础是国家间的力量对比和关系构成。中国学者经常喜欢把这一体系的基本架构（核心是权力架构）称作国际格局或国际战略格局。

从冷战时期以来，人们习惯用两极、单极或多极的概念来描绘国际权力基本架构。与冷战时期的两极架构和后冷战时期的单极架构相比，多极化的基本发展趋向是权力的分散化。然而，当今世界的多极化发展，其政治含义的深刻性和复杂性要远远超出权力的分散化。这是因为世界多极化恰恰发生在冷战后迅猛推进的经济全球化过程中。

当今，全球经济一体化和国家间的相互联系达到极其深入与广泛而难以逆转的程度，同时多极化发展已从根本上动摇原有的国际权力格局。所以，我们看到两种似乎矛盾的趋势，即经济一体化与政治多元化在同时发展。美国的世界性霸权或对国际事务的主导力大大削弱，全球范围内出现更多力量中心，权力格局已开始发生变化。更多国家进入大规模工业化进程，全球人口不断增长，传统资源日趋紧张，全球性挑战日益突出，国家间竞争加剧与更大合作的需要并行发展。全球化时代的多极化发展使国际关系变得前所未有的复杂。

从全球主要经济力量发展变化来看，一批新兴经济体在经济全球化迅猛发展过程中崛起，美欧日的优势地位相对下落，导致国际经济权力大结构发生变化，形成日趋明显的多极格局。政治上，与此相伴随的是发展模式的多样化得到日益广泛的认同，从而改变了后冷战时期美国统领下西方主宰国际政治经济的一统天下。与此同时，全球经济高度一体化使国家间形成前所未有的深度相互依赖关系，尤其是主要大国之间你中有我、我中有你，互为利害攸关方，竞争与合作交织，大战的可能性降到有史以来的最低。

当今构成多极格局大结构的最主要经济体包括：美国、欧盟、日本、俄罗斯、中国、印度、巴西等（2011年这7大经济体GDP总和占全世界GDP总量的2/3）。[①]其中，GDP老大美国和GDP老二中国，作为最大的发达国家和最大的新兴经济体成为这一大结构中最为举足轻重的一对（2011年中美两家GDP加起来约占世界GDP总量的1/3）。[②] 多极格局下的大国关系竞争与合作交织，复杂性与不确定性大大上升，多边合作的需求增加，但难度增大。短时期内看不到建立一个较为稳定的全球合作架构的前景，地区合作成为大国关注的重点，一体引导成为主要方式。因此，更要注意多极化格局的另一个层面，即一大批重要的中等国家。他们包括：韩

① 资料来源：中国现代国际关系研究院出版的《国际资料信息》（现刊名已改为《国际研究参考》），2012年第8期。其数据引自国际货币基金组织数据库，2012年4月。

② 资料来源：中国现代国际关系研究院出版的《国际资料信息》（现刊名已改为《国际研究参考》），2012年第8期。其数据引自国际货币基金组织数据库，2012年4月。

国、印度尼西亚、土耳其、沙特，南非、尼日利亚、埃及，墨西哥，澳大利亚等。应该看到，全球化时代的多极格局中，中等国家的影响力增大，尤其在地区事务中发挥日益重要的作用。

我们正处在一个重要的历史转折时期。大体上贯穿21世纪第二个十年。这个历史转折时期之所以特别重要，就是因为在此期间国际格局的演变进入从量的积累到质的转化的关键阶段。尤其是大国关系的结构、形态发生重大变化。这种所谓质的变化就是结构性变化。所以这个时期充满了重大转变发生过程的特点。最主要的表现：一是失衡；二是失序。首先是力量结构失衡，以往的体系变得越来越不适应新的现实；再就是失序，反映在各个方面的乱象丛生。

对各个国家来说，使大局不要失控成为共同的需求。在一定意义上，保持国际经济、政治和安全形势的基本稳定也是大国之间的共识，这也就构成合作的基础。各方都希望转变和过渡能够在一种不失控的情况下可以完成，包括在竞争的过程中避免发生对抗。这在一定的程度上含有探讨大国之间如何实现长期和平共处的潜在意义。

这个期间是结构性的改变过程，所以风险是很大的。由于金融危机和经济危机的爆发而使转变是在各方没有准备的情况下提前到来，或者说使这种转变加速到来。国家关系的矛盾面和分歧面突然上升，大国之间的战略竞争一下子凸显起来。各方准备不足，种种不适应，包括力量对比变化和竞争加剧引起的焦虑与恐慌，浮躁与紧张。在此期间，极端民族主义，或者说叫激进民族主义，以往多习惯称之为狭隘民族主义情绪上扬、喧嚣。（作为民族国家意识的表现，或可将“民族主义”看成是一个中性的词语。）极端或是激进的主张在民众舆论层面往往表现为强烈的情绪化。

在这个期间，各大国之间恰恰也正在经历自身的国家和社会转变。外交与对外战略调整伴随着国内政治、经济的转轨和变革，内外矛盾交织，问题大大复杂化，内部争论变得异常激烈。（中国更是出现前所未有的利益多元化局面，还有信息化社会的公开性发展带来前所未有的公众舆论对政府决策的影响。）凝聚共识的困难造成政治进程多为短期行为所驱动，多种主张出自不同利益诉求，决策难免是折中妥协的产物。这个期间充满不确定性、不可预测性和多种可能性。国家之间比拼的是对大趋势的把握能力，对内外压力的承受能力，内部的协调能力和快速反应能力。

伴随国际经济政治格局多极化发展的另一个重大趋势是，世界经济政治重心东移，从大西洋两岸转向亚太地区。这是历史性的变化，很可能成为21世纪世界经济、政治和文化发展开启新的历史周期的序曲。奥巴马政府高调打出“重返亚太”的外交战略，一些人将之冠以“对华遏制”的主题，恐怕是见树不见林。殊不知亚太已成为世界经济增长的最重要的发动机，比中国崛起更具时代意义的是整个亚洲的崛起。随后必将是东方世界经济、政治和文化影响力的不断上升扩大。从人类文明发展的历史看，我们很可能正在迎来东方文明的复兴。不同文明的发展也许如同经济发展规律，也是有周期性的。不过是历史的大周期，以数百年论。全球化时代的国家关系和国际政治比以往更需要的是和平共处与合作共荣精神，古老东方文明所倡导的“和而不同”哲学思想应该能为多极化国际格局下的大国合作提供有益的启示。

《全球趋势》系列报告之所以广受关注，除了其机构背景原因，还因为项目组和报告主要撰稿人在研写过程中，国内国际多方征求意见的独特做法大大增强了其政策参考和学术价值。中国现代国际关系研究院 2012 年 5 月在北京组织了《全球趋势 2030》初稿专家座谈会，主笔马修·伯罗斯等参加，坦率的交流也使我们受益颇多。几年前，现代院美国所的同仁曾将《全球趋势 2025》报告译成中文在国内发行，受到广泛欢迎。现在，他们翻译的《全球趋势 2030：变换的世界》即将面世，可使更多的中国读者分享这一重要研究成果。

是为序。

中国现代国际关系研究院顾问　崔立如

2013 年 5 月

中文版前言

中国现代国际关系研究院再次把美国国家情报委员会四年一度的研究报告《全球趋势 2030：变换的世界》译成中文，我们对此颇感欣慰。国家情报委员会发布该报告的原因之一，是为了鼓励国际社会就未来 15—20 年面临的共同挑战展开对话。我们相信，只有了解这些全球趋势，各国才更有可能找出积极、和平的方式去应对日益增长的跨国挑战。明知我们无力预知未来，所以我们不过是从事了搭建思维框架的工作，以便让读者自己去思考未来，不仅是历史的传承，更多的是那些将塑造我们这个世界的迅猛的变化。

国家情报委员会《全球趋势》报告每四年在美国新政府就位时同步推出，此次已是该系列的第五份报告了。与此前的报告一样，我们花费了大量时间和精力与美国国内外的专家共同研讨。为深入理解未来趋势和多方观点，我们曾与数百位专家交谈；为此我们访问了近 20 个国家，同政府、学界、智库、科研院所和工商业界的不同专家进行广泛的磋商。

2012 年 5 月，我们访问北京期间有幸受邀参加了中国现代国际关系研究院组织的中美全球趋势学者座谈会。当时我们已完成了项目的初稿，于是恳请与会者批评指正。中方学者的意见同我们在其他国家访问过程中吸收的大量的反馈一道构成了最终版本修改的基础。事实上，文字上做出了大量的调整，包括增加了初稿中没有的一个额外场景和关于地区稳定的新篇章。在最终版本中，我们特地详列了各国专家对本报告的评价和反应。

我们非常感谢各方的帮助，同时期待能继续就这些重要的未来趋势开展对话。我们颇感高兴地看到许多合作对象对开展类似研究的兴趣日益高涨，这也是我们所希望的。我们鼓励读者阅读《全球趋势2030》报告的完整版，请访问国家情报委员会网站：www. dni. gov/nic/globaltrends。

作为过去三期《全球趋势》报告的主要执笔人和项目负责人，请允许我向中国现代国际关系研究院致以深深的个人的谢意，通过现代院的大力帮助我们才得以理解《全球趋势》系列涉及的诸多关键问题。

美国国家情报委员会顾问　马修·伯罗斯

2013 年 4 月

英文版前言

亲爱的读者：

《全球趋势2030：变换的世界》是美国国家情报委员会推出的《全球趋势》系列报告的第五份，旨在为读者提供一个畅想未来世界的框架。跟前几份报告一样，本报告先找出关键的大趋势，再与设想的风云突变事件相结合，搭建成一个框架，希望人们凭此进一步发挥想象力并谋划相应战略。我们把大趋势与改变全局的因素区分开来，一个是在任何情况下都可能发生的常态，另一个是一些轨迹远非确定的核心变量。对这些形形色色的复杂因素认识得越深刻，对变换的世界前景就会考虑得越周到。

当此人类历史关键时刻，世界前景殊途纷呈，截然不同。人类未来并非命中注定，而是完全可以塑造。结果要看大趋势、改变全局的因素以及人们之间如何互动。事在人为，我们鼓励朝野决策者，谋划长远，避祸趋吉。

我将为您指出《全球趋势2030》的几个创新之处。我们首先回顾了前四份报告。我们深受普遍好评的鼓舞，同时意识到需要改进之处，并将它们采纳吸收到这份报告。

我们力求群策群力，深信多谋事成，为此，曾向远离华盛顿特区的各州专家求教，举办了很多场研讨会，不少是在印第安纳州、得克萨斯州、加利福尼亚州、新墨西哥州、宾夕法尼亚州、马萨诸塞州、科罗拉多州、田纳西州、纽约和新泽西州的大学里举办的。

我们还建立了一个公共博客，供各路专家发表评论，迄今已有140多个帖子，200多条评论。截止到2012年10月中旬，承蒙167个国家的读者访问，其点击量达到71000次。为保证能继续讨论该博客的帖子，我们正将这些帖子链接到该报告的电子版及相应的网站上。

为能让海外学者参与此事，我们在近20个国家召开了研讨会。很多情况下，会议是由当地政府、商界、大学或思想库出面邀请举行的。国家情报委员会四年一度的努力，成效斐然，其他国家对全球趋势兴趣日增，详细阐述了自身的相关研究，这也是我们所乐见的。由于人们普遍希望知道外界如何看待《全球趋势2030》，因此，我们在导言后辟出专栏，详述外国专家对报告草稿的反应。

在本报告里，我们扩大了探讨破坏性技术的篇幅，拨出专门章节论述。为此，我们与能源部桑迪亚国家实验室、橡树岭国家实验室、美国宇航局的科学家以及硅谷、圣达菲的企业家、顾问进行了交流。我们还十分关注经济因素以及科技与经济增长的关联。

最后，我们还辟出专门一章，论述美国在国际体系里可能扮演的种种角色。先前几次报告，这方面谈得不够，受到了一些批评，以海外读者为最。我们认为，美国自身也处在关键时刻，因此报告拿出专门一章勾勒美国可能的发展方向及其对国际体系的影响。

有很多人为《全球趋势2030》做出了贡献。我们已另辟一栏，对那些国家情报委员会之外为本报告做出大力贡献的专家表示感谢。在国家情报委员会内部，顾问马修·伯罗斯不仅自始至终精心策划整个撰写过程，也是主要撰写人；高级编辑伊丽莎白·阿伦斯从旁协助；卢克·鲍德温为国家情报委员会首建博客；艾琳·克罗默则为报告撰写提供后勤保障；雅各布·伊斯特姆、安妮·卡莱尔·林赛则主管设计。顾问伯罗斯与地区和专业的国家情报官员紧密合作，修订报告草稿，提供宝贵意见。在国家情报委员会官员当中，卡斯·约斯特领导的国家情报委员会“战略前景组”参与了所有的相关工作。这里我要特别提一提已故高级分析师克里斯托弗·德克。他生前为预测全球健康和流行性疾病提供了重大帮助。

国家情报委员会网站 www. dni. gov/nic/globaltrends 有《全球趋势2030》电子版，建议读者下载阅读报告的完整版，并运用相互交流材料，尝试情景模拟。

如同我们先前的全球趋势研究一样，我们希望此报告能够促进各国就未来15—20年威胁全球共同体的挑战进行对话，并寻求积极、和平的应对方式。

真诚的

克里斯托弗·科吉姆

国家情报委员会主席

全球趋势历次报告回顾

撰写本报告前，国家情报委员会组织学者，从1996—1997年的第一份报告开始，逐一审阅了先前的四份报告。评审专家们认真检查，以便找出以往的偏见与盲点，以及其与众不同的种种优点。随后我们又召开了一次会议，集中研究如何克服不足，并发扬优点，力求搞好本次报告。

在评审专家眼里，《全球趋势2030》应着力研讨以下几方面问题：

——应对美国在国际体系中的角色，予以更多关注。先前的报告假定了美国的中心地位，对美国角色的变化及其原因谈论较少。《全球趋势2030》的主要引人关注的问题之一是："美国衰落或再起，其他大国怎么办?"本报告作者认为，两种前景都可能出现，各国需为此做好准备。

——应对国际体系的主体予以深刻地理解，要一清二楚。先前报告详细论述了非国家行为体日益得势的情况，但未阐明我们对国家和非国家行为体之间关系的看法。专家们建议要深入研究治理的奥妙，探索不同行为体之间错综复杂的关系。

——应准确把握事态进展的时间和速度。先前的全球趋势报告"正确地预见了前进航向：中起俄沉。但中国节节崛起，超出预期……纵览先前四份报告，就会得出一个结论，我们低估了变化的速度……”。

——对危机和突变性的事件应予以更多的讨论。评审专家们认为，标题使用“趋势”一词，意味着传承多于变化。然而，《全球趋势 2025》“大谈特谈冲突性及突发性事件的可能性，似乎有意扭转传承多于变化的观点。”他们建议，干脆提出一个框架，彻底弄清趋势、危机与突发性事件之间的关系。

——对意识形态予以更多关注。本报告作者承认，“意识形态概念模糊，颇伤脑筋，既难界定……也难衡量”。他们一致认为，大的“主义”——如法西斯主义和共产主义，并非迫在眉睫。值得关注的倒是些“政治、心理或社会细微变化，往往不算意识形态，却影响人们一举一动。”

——看似不起眼的后果，大意不得。找出种种潜在的失衡或失调，也许是个办法，可以防止漏网之鱼。另一个建议是，更多进行沙盘作业或模拟演练，以便掌握理解国际行为体在关键时点上的动向。

我们也恳请读者们对本报告在上述几个方面的表现作出评判。

目　　录

报告提要

本报告旨在激发读者畅想，探讨当今世界千变万化的地缘政治，展望今后 15—20 年全球种种发展轨迹。与此前国家安全委员会其他系列全球趋势报告一样，本报告并不奢望预测未来，因为这必定是徒劳无功的；本报告旨在提供框架，供人们思考未来的种种前景及各方面影响。

> “……未来与而今，大大不同，这一看法，令人厌恶反感，与传统思维和行为方式格格不入，绝大多数人都不愿意在实践中按照此一看法行动。”
>
> ——约翰·梅纳德·凯恩斯，1937 年

全球趋势 2030：概述	
大趋势	
个人能力的增长	贫困人口减少、全球中产阶级膨胀、文化水平提高，新的通信和制造技术广泛使用，卫生保健进一步改善，个人权力随之大增。
权力的扩散	不再有任何霸权国家，在一个多极世界里，权力将会转移到一个个网络和联盟之中。
人口统计的状况发生巨变	在人口统计方面，不稳定弧形地带将会变窄。在老龄化国家之中，经济增长会放缓。世界上 60% 的人口将进入城市生活，人口迁徙将会增加。
食物、水和能源关联日甚	全球人口猛增，资源需求飞涨，一种商品与其他商品的供求息息相关。
改变全局的因素	
危机频仍的全球经济	各国经济利益不同，全球经济瞬息万变，很不平衡，是否会导致崩溃？亦或多极反而会增添全球经济秩序的韧性？
治理方面的差距	各国政府和机构，能否及时适应并驾驭变化，还是会被“压垮”？
更多潜在的冲突	快速的变化和权力的转移，是否会给国家内部和国家之间带来更多冲突？
地区动荡的蔓延	地区动荡，尤其是中东和南亚是否会殃及全球？
新技术的冲击	技术及时突破会提高经济生产率解决世界人口增长、快速城市化和气候变化带来的问题吗？
美国的角色	美国能否与新伙伴合作，重塑国际体系？
变换的世界	
大停滞的世界	最差情景是：国家间冲突风险增加。美国把注意力转向国内，全球化陷入停顿。
大融合的世界	最好结果是：中美在一系列问题上展开协作，带动全球更为广泛的合作。
大分化的世界	一些国家成为大赢家，另一些国家成为失败者，贫富国家间悬殊。而在国内，贫富悬殊加剧社会冲突。美国虽未再搞孤立主义，但也不再当“世界警察”。
非国家化的世界	受益于新科技驱动，非国家行为体带头应对全球性挑战。

2030年的世界，将与今天极为不同。2030年，没有任何国家，美国、中国或其他任何大国，会是霸权国。个人能力的显著增长、权力在国家之间及从国家向非正式网络扩散将带来巨大影响，可能逆转西方自1750年以来的历史性崛起进程，使亚洲恢复其在全球经济中的地位，并在国际和国内层面开启一个新的“民主化”时代。除个人权力增长和国家权力扩散外，还有其他两个“大趋势”将重塑2030年时的世界：一是人口状况的变化，尤其是快速老龄化；二是资源需求的爆炸式增长，水和食物供给将极为短缺。这些趋势今天已见端倪，今后15—20年，这一趋势将越发明显。推动这些大趋势的，是地壳板块运动般的种种巨变，这不仅将攸关世界格局，甚至会对世界运转方式产生深远影响（请见第6—7页附表）。

单凭上述四大趋势的推断，就足以表明2030年将出现一个巨变的世界，但变的结果与方式，却可能与以往根本不同。六个改变全局的因素将在很大程度上决定世界在2030年的形态。这六个因素是：全球经济难题、治理难题、冲突激增、地区动荡、科技突破以及美国的角色的不确定性。若干潜在的“黑天鹅”——意外事件——可能造成天下大乱（见第16—17页）。除中国实现民主化、伊朗改革这两件事外，其他可能的意外事件都将带来负面的影响。

基于上述四大趋势及其与上述六大因素的相互作用，可以勾画出有关未来四幅图景，分别代表通向2030年世界的不同路径。没有任何一幅图景会必然发生。事实上，四场情景可能相互交织，各有一些元素，共同组成未来世界。

一、四大趋势及相关的结构性变化

（一）大趋势之一：个人能力的显著增长

贫困减少、全球中产阶级扩大、文化水平提升、新的通信和制造技术广泛使用以及医疗进步，使个人能力大幅提高。全球中产阶级的扩大将导致惊天动地的变化：世界上绝大多数人口摆脱贫困，在绝大多数国家里，中产阶级挑起社会和经济大梁。个人能力的增长是头等大趋势，既是其他三大趋势的“因”，推动全球经济多极化、发展中国家飞速增长、新通信和制造技术的广泛应用，也是“果”，因三大趋势的发展而更上一层楼。一方面，未来15—20年，个人发挥更大主动性，是解决日益严重的全球挑战的要害所在；另一方面，个人和一些小团伙也更易获得一些破坏力极大的致命性技术，尤其是精确打击技术、网络工具、生化武器，这使他们能够大规模逞凶施暴，而这种能力以前是由国家一手垄断的。

（二）大趋势之二：权力的扩散

2030年，国家间的权力扩散将产生巨大影响。以国内生产总值、人口规模、军事开支和科技投资为依据来衡量全球实力，亚洲将超过北美和欧洲的总和。中国很可能在2030年前，超过美国成为世界最大经济体。在这个巨变过程中，全球经济能否健康发展，将主要看发展中国家经济表现是否良好，传统的西方世界的表现的重要性将有所下降。除中国、印度、巴西外，其他地区大国，如哥伦比亚、印尼、尼日利亚、南非和土耳其，也将成为对世界经济尤为重要的国家。与此同时，欧洲、日本和俄罗斯等经济体将衰退下去。

国家间的权力转移，会因权力*性质*的根本变化而黯然失色。随着通信技术的发展，权力将向多维、无定形的网络转移，这将影响国家和全球活动。那些在国内生产总值、人口规模等基本要素方面数一数二的大国，学会如何在多极化世界的关系里腾挪，才能发挥自己的影响力。

（三）大趋势之三：人口统计状况的巨变

2030年，全球人口将从2012年的71亿，增长到近83亿。四个与人口相关的趋势，将根本塑造，虽非必然决定，大多数国家的政治和经济状况，以及与其他国家间的关系：一是老龄化，西方与大多数发展中国家将面临的问题；二是年轻社会与国家日渐稀少；三是移民问题日益成为跨国议题；四是城市化势不可当。这是另一个巨大变化，虽将刺激经济增长，但也会带来食品和水资源供应方面的新压力。老龄化国家将力求维持生活水平。对熟练和非熟练工人的需求将刺激大规模的全球移民趋势。在发展中国家，快速城市化将导致今后40多年住房、办公空间和交通设施建设总容量达到人类迄今为止所有建设的总量。

（四）大趋势之四：食物、水、能源之间关联日甚

全球人口增长，中产阶级扩大，消费无度，人类对食物、水、能源的需求将分别增长35%、40%、50%。气候变化使获得这些关键资源的前景更趋黯淡。气候变化分析表明，现况将变本加厉，湿地更湿，旱地更旱。中东、北非、中亚西部、南欧、非洲南部和美国西南部降水量会减少。

尽管不一定会进入匮乏时代，政策制定者、与之合作的私人部门却须未雨绸缪。若无外援，许多国家可能将因资金不足而无法避免食物与水的短缺。解决一种商品供求势必影响到其他商品。农业离不了水和肥料。在一些地区，水力发电是重要能源来源，而新能源来源，如生物燃料，却会加剧食物短缺。对此类问题，消极处理与积极应对的可能性都是存在的。尤其是非洲的农业生产率，只有严肃应对，才能摆脱粮荒。与亚洲和南美洲等已大幅提高人均粮产的地区不同，非洲只是最近才勉强达到20世纪70年代的水准。一个惊心动魄的变化是美国可能实现能源独立。获益于水力压裂法，美国重新成为全球最大天然气生产国，可采储量年限从30年延长到100年。在偏远地区，通过使用“水力压裂法”钻井技术增加的原油产量，可能会使美国贸易更加平衡，改善经济整体状况。然而，对此类技术会污染水源而引发环境破坏的担忧，可能会阻碍该技术的发展前景。

当前至2030年，变化惊心动魄	
全球中产阶级扩大	未来15—20年，按照中产阶级的绝对人口数量和所占人口百分比衡量，发展中国家几乎任何地方的中产阶级数量都会大幅增加。
破坏力极大的致命技术的泄露	更广泛的战争手段，尤其是精确打击技术、网络工具、生化武器更易获得。个人和一些小团伙制造大规模动乱的能力明显提高，而此种能力先前由国家一手垄断
经济力量中心明显向东、向南转移	美、欧、日占全球收入总额预计会从今天的56%降到2030年的50%以下。2008年，中国取代美国成为全球最大储蓄国；2020年，新兴市场的金融资产总额预计将会翻番。
老龄化空前普遍	2012年，只有日、德人口的平均年龄超过45岁，到2030年，大多数欧洲国家、韩国和台湾地区也会进入老龄化社会，发达与发展中国家，劳动力都短缺，人口迁徙会日益全球化。

续表

当前至2030年，变化惊心动魄	
城市化	今天，全球人口约半数在城市生活，到2030年，这一比例将上升到60%，达到49亿。非洲将逐渐取代亚洲，成为城市化最快的地区。中心城市预计会产生80%的经济增长；应用现代高科技和基础设施的潜能，可更好利用稀缺资源。
食品与水资源的压力	2030年，食物需求预计至少会上升35%，水需求上升40%。世界约一半人口，将生活在水源供应趋紧区。非洲和中东的脆弱国家受打击最沉重，印度和中国也易遇到麻烦。
美国能源独立	今后几十年，美国手头有页岩气，不仅能满足内需，还会成为潜在的出口国。加大对以往难以开采的油矿开发力度，能源增产将降低净贸易赤字，推动经济更快发展。届时，全球剩余产能将超过800多万桶，欧佩克将失去定价权，原油价格狂跌，对石油出口国产生重大冲击

二、改变全局的种种因素

（一）改变全局的因素之一：危机频仍的全球经济

全球经济几乎注定会延续这样的特征，即各个地区和国家经济按各自的不同速度发展。2008年爆发的金融危机强化了这一情势，势必加剧全球发展不平衡，对各国政府和国际体系形成压力。问题在于，这些差异和大起大伏，会导致全球大衰退和崩溃呢，还是多个经济增长中心持续发展，将给全球经济带来活力？世界再无明确的经济霸主国家，可能使经济前景更加动荡不定。一些专家已把美国经济重要性相对下降，与19世纪末经济霸主英国做了比较，认为世界经济将退回到多极时代。

至少在下一个十年，世界日益无望回到2008 年前的增长率和快速全球化模式。自 1980 年以来，经过一代人的时间，七国集团的非金融债务总额翻了一番，达到占 GDP 的 300%。历史研究表明，经济衰退，外带金融危机，复苏需要一倍时间。除美国、澳大利亚和韩国等少数国家外，绝大多数西方经济体刚开始去杠杆化（减少债务）。经验表明，危机恢复差不多需要十年。

不能排除爆发另一场全球经济危机。麦肯锡全球研究院估计，如果希腊执意退出欧元区，潜在冲击会七倍于雷曼兄弟公司破产造成的损失。不论最后选择“留”还是“弃”希腊，为维护欧元区稳定，都需要多管齐下。恢复稳定，最少也要若干年，许多专家认为，需要整整十年。

早期的经济危机（如 1930 年大萧条）发生时，正值当时许多西方国家的人口年龄结构相对年轻，这就为战后经济繁荣提供了人口红利。然而，对当下的西方国家而言，经济复苏进程中，并不存在这样的人口红利。为补偿劳动力增长日益不足的缺失，只能通过提高生产率的方式去获得期望中的经济收益。美国处境较有利，其劳动力数量预计下一个十年处于增长态势，但仍需提高劳动力生产率，以抵消老龄化带来的负面效果。美国还面临一个关键问题，即科技能否足够提高经济生产率，而避免出现经济长时期放缓。

如前所述，世界经济前景将更依赖于东方和南方国家的经济发展。发展中国家提供超过 50% 的全球经济增长率和 40% 的全球投资，对全球投资增长的贡献率超过 70%。中国的贡献是美国的 1.5 倍。在世界银行关于未来经济多极化的基准模型中，中国尽管经济增速可能放缓，但到 2025 年对全球经济增长的贡献率约为 1/3，超过其他任何经济体。新兴市场对基础设施、住房、消费品和新厂房和设备的需求，会把全球投资推高到过去 40 年从未有过的水平。全球储蓄可能无法支撑这种趋势，从而对长期利率构成上行压力。

尽管发展中国家的经济影响力不断扩大，但它们仍旧面临挑战，尤其是在实现快速增长后，如何保持快速发展势头。例如中国，在过去30年保持了年均10%的增长率。据一些私营部门预测，到2020年时，中国将只能保持5%的年均经济增长率，这意味着人均收入增长面临下行压力。中国面临陷入“中等收入陷阱”的压力，人均收入水准也不会继续增长至世界发达经济体的水平。印度在快速发展过程中，也面临与中国类似的许多问题和陷阱：农村和城市之间以及社会内部存在的不平等鸿沟，日益紧迫的资源限制（如水资源），需加大对科技的投入力度，使经济能持续向价值链的上游方向发展。

（二）改变全局的因素之二：治理的差距

未来15—20年，随着权力比今天更加分散化，不断增多的各类国家、非国家行为体以及诸如城市等的次国家行为体，将发挥重要的治理角色。各类玩家不断增多，需要他们肩负着解决重大跨国挑战的任务，但由于价值观各异，因而过程将更加复杂。守成国和新兴国家之间将缺乏共识，2030年，多边治理将举步维艰。由于长期的积重难返，全球治理可能更加支离破碎。然而，种种事态，无论积极的还是消极的，能把世界推向不同发展方向。多极化的深化以及地区一体化的进展，将使全球治理仍会取得不小进展，即便在经济放缓的状况下仍将如此。在全球性问题上，进展前景将因问题性质而定。

国内层面，在政治和社会巨变推动下，治理鸿沟最为明显。几十年来在健康、教育和收入方面取得的进步预计会保持现有势头，并催生出新的治理机构。若青年人口猛增的势头减退，收入增长，民主化的步伐会更稳定而持久。目前，约有50个国家正处于半专制半民主的尴尬阶段，它们绝大多数集中在撒哈拉以南非洲、东南亚、中亚、中东和北非地区。无论是社会科学理论还是近期历史，如颜色革命与阿拉伯之春，都证实这一观点，即随着人口年龄结构日趋成熟和收入水平提高，政治自由化和民主也将获得发展。然而，未来 15—20 年，许多国家仍将处在蜿蜒曲折的道路上，走向复杂的民主化。从专制走向民主，注定要经历一个动荡过程。

一些国家将继续遭受民主赤字的困扰——它们的发展水平将远高于它们的治理水平。海湾国家和中国就是此类国家的代表。如中国人均购买力平价预计会在未来五年内跨过 15000 美元的门槛，这往往会触发民主化进程。中国的民主化可能掀起风起云涌的巨浪，对其他独裁国家形成巨大的变化压力。

对治理而言，新通信技术的广泛应用是一把双刃剑。一方面，社交网络能够聚集公民，挑战政府，正如在中东发生的那样；另一方面，这些技术为政府，无论专制，还是民主，提供了前所有未有的监视本国公民的能力。目前，在插上 IT 翅膀的个人、网络与传统政治结构之间，还不清楚如何取得平衡。在我们交换看法时，尽管技术专家与政治学家各执一词，但双方一致认为，IT 应用以多方联动、瞬时响应、技术含量高以及地域分布广泛为特征，将进一步增加国际体系之中发生突发事件的可能性。

2030 年，在全球经济排序里，新兴经济体将大幅提升，为反映这一现实，联合国安理会、世界银行和国际货币基金组织等当前由西方主导的国际机构，将已完成改组。许多次一级新兴国家也会崭露头角，至少成为地区新兴掌门人。

正如规模更大的二十国集团，而非七国集团，更能应对 2008 年的金融危机一样，为对付各类危机，预计其他国际机构也会跟上形势，做出相应的改革。

（三）改变全局的因素之三：更多潜在的冲突

二十年来历史表明，重大武装冲突中，军民伤亡都较过去几十年有所减少。在许多发展中国家，年龄结构成熟，国内冲突持续下降。这些抑制性因素，或利于减少大国冲突。不过，纵然国内与国家间冲突数量与强度下滑，仍麻痹松懈不得。

在有些国家总的人口结构虽大体合适，但少数民族里政见不同的年轻人多，国内冲突反而可能增加。如土耳其的库尔德人、黎巴嫩的什叶派和泰国南部北大年的穆斯林。撒哈拉以南非洲，许多国家有大量年轻的少数种族和部落族裔，年龄结构以年轻人为主。展望未来，这些国家内部和相互间冲突仍少不了。在许多水与耕地等自然资源不足的国家，成年男子比例偏高，增加了国内爆发冲突的风险，尤其是在撒哈拉以南非洲、南亚、东亚及包括中、印在内的亚洲国家。阿富汗、孟加拉国、巴基斯坦和索马里等国的政府管理机制都存在问题。

这种例子并非不可避免，但随着国际体系的变化，国家间冲突的风险在增加，冷战后确立的平衡结构的基础也在变化。今后未来 15 至 20 年内，美国将思考在多大程度上继续充当全球系统监护人和全球秩序保护者的角色。美国意愿下降或能力衰退会增加关键动荡因素，尤其是在亚洲和中东。国际体系若四分五裂，在一些全球大国眼里，现有各种形式合作不再有利，甚至这样四分五裂的国际体系会激起大国间新一轮的竞争、甚至冲突。不过，万一打起来了，几乎可以肯定的是，不会发生一场把所有大国都统统拖下水的世界大战。

三种不同风险，可能一道酿成国家间冲突：一是大国另有盘算，尤其是中、印、俄；二是资源竞争加剧；三是新战争工具更多，更泛滥。核扩散更广，核安全日益受关注，南亚和中东爆发包含核威慑的潜在风险加剧。

到 2030 年，当前的伊斯兰恐怖主义可能已结束，但恐怖主义不会断根。国际合作的增加会让那些直接支持恐怖主义的政权付出更大代价，但出于强烈的不安全感，许多国家仍会继续利用恐怖组织。致命和破坏力强的技术愈易到手，网络系统等领域的专家，谁出价最高，就为谁卖力，包括那些一心想制造大规模伤亡和搞乱经济金融的恐怖分子。

（四）改变全局的因素之四：地区动荡的蔓延

今后几十年，不同地区的动态会蔓延开来殃及全球，中东和南亚这两个地区很可能会出大乱子。在中东，目前的年轻一代——最近“阿拉伯之春”的推动者——将逐步成为一个日趋老龄化社会的核心部分。由于新技术的使用，其他地区的油气资源将源源不断地被开采出来，因而中东经济必须实现多样化，而不能继续高度依赖能源开采。但是，中东的轨迹还得看政治形势。若伊朗伊斯兰共和国继续掌权，且具备发展核武器的能力，中东将永无宁日；若温和的民主政府在伊朗出现，或者巴以冲突协议取得突破，就会皆大欢喜。

今后 15—20 年，南亚面临一连串国内外冲击。低增长、食品和能源短缺，会让巴基斯坦和阿富汗政府碰到大麻烦。两国青年人猛增，跟许多非洲国家大体相似。青年猛增与经济停滞两者相结合，出现动荡将难以避免。印度经济增长较高，日子好过一些，但庞大的青年人口就业是一大难题。贫富悬殊、基础设施缺乏和教育不普及是主要软肋。邻国情势对印度境内事态有深远影响，将增强其不安全感，并促使其提高军费开支。众多情景下，都可能爆发冲突，蔓延开来。战略目标的冲突、普遍的不信任以及所有各方的对冲策略，将导致难以形成稳固的区域安全框架。

一个日趋多极化且缺乏能够仲裁和缓解紧张局面的地区安全框架的亚洲将成为全球最大的威胁之一。畏惧中国力量、担心中国民族主义狂热、害怕美国离开亚洲，所有这些都将增加该地区的不安全感。一个不稳定的亚洲会对全球经济造成巨大损害。

其他地区的动态变化也将危及全球安全。欧洲一直是一个关键的安全保障提供者，如冷战结束后确保中欧融入西方。欧洲现在自顾不暇，无力稳定周边。一旦缓过劲来，熬过政经危机，欧洲的全球性角色将增强，可帮助它的中东、撒哈拉以南非洲和中亚的邻国融入全球经济和更广泛的国际体系。一个现代化的俄罗斯能够融入更广泛的国际社会，而一个建立不了多元化经济和自由的国内秩序的俄罗斯将祸延地区乃至全球。

拉丁美洲和撒哈拉以南非洲如果加强团结继续走一体化道路，可以保证地区稳定，减轻对全球安全的威胁。但如果到2030年，撒哈拉以南非洲、中美洲和加勒比地区的国家继续贫困、风雨飘摇，将会给全球罪犯、恐怖主义网络和当地武装分子提供避风港。

（五）改变全局的因素之五：新技术的冲击

到2030年，四项技术将推动全球经济、社会、军事，并惠及国际社会环境。信息技术正迈入大数据时代，处理能力和数据存储将接近免费；网络和云计算将敞开供全球接入，并提供全方位的服务；社交媒体和网络安全，将构成庞大的新型市场。这些技术的进步和扩散将对政府和社会提出重大挑战，促使政府和社会必须找到方法去利用新信息技术的好处，并同时应对其带来的挑战。对奥威尔式的监视状态的恐惧可能会促使公民，特别是发达国家的公民，向他们的政府施加压力，以限制或拆除大数据系统。

在城市建设方面，以信息技术为基础的解决方案将最大限度地提高公民的经济生产能力并最大限度地减少资源消耗和环境恶化，这对于确保大型城市的活力而言至关重要。

未来，一些城市建造完全可以从零开始，完全按照预先设计，像在一幅白纸上作画一样，科学部署有利于城市生活的各种基础设施；当然，如果这些技术未能得到正确运用，也将势必带来难以想象的恶梦。

新的制造和自动化技术，如 3D 打印和机器人技术，有可能改变发展中国家和发达国家的工作模式。在发达国家，这些技术将提高生产效率，解决劳动力不足，减少外购外包，尤其是缩短供应链，好处明显，但效果却类似外包，让发达经济体制造业的低收入和半熟练工派不上用场，从而加剧国内两极分化。同时新技术也将刺激新的制造能力，提高发展中国家尤其是亚洲制造商和供应商的竞争力。

一些与资源安全有关的重要技术突破，将对满足全球对食物、水和能源的需求至关重要。在未来 15—20 年，这类前沿技术包括转基因作物、精准农业、节水灌溉技术、太阳能、先进生物燃料、通过压裂技术采掘石油和天然气等等。由于发展中经济体对关键资源的供应与价格及气候变化的早期影响更为敏感，因而那些主要的发展中国家将更敏感地意识到这些技术的益处并抢先将其投入商业化运作。除了成本的竞争，在未来 20 年，现有和下一代资源技术能否应用推广开来，要看社会接受程度及如何解决和引导随之而起的政治问题。

最后，但也十分重要的一点是，新医疗技术将进一步改善人类的身体和精神状况，提高人类的整体福祉。中产阶级人口膨胀的发展中经济体可能受益最多。这些国家的卫生保健系统今天可能很差，但到 2030 年，将在挖掘长寿潜力方面取得实质性进展。到 2030 年，许多防治疾病的创新中心，将出现在发展中世界。

（六）改变全局的因素之六：美国的角色

今后15—20年美国的国际角色如何发展演变，将充满不确定性。美国能否与新伙伴合作，重新塑造国际体系，将成为塑造未来全球秩序最重要的变量。美国（西方）与崛起国家相比势必衰落，但它在未来国际体系里的作用却很难估计：美国继续主导国际体系的程度可能会相差很大。

2030年，美国在众多大国中，极有可能会保持“诸强中的第一”的地位。美国在各种权力衡量体系中都处于领先地位，又有领导世界的“遗产”，在国际政治中的主导作用来源于软硬实力兼具的优势，这比经济的分量更重。然而，随着其他国家的迅速崛起，“单极时刻”已一去不返，国际政治中始于1945年的“美国治下的和平”即将结束。

环顾世界，美国全球霸权运作的背景，也将无复旧观。昔日多数西方伙伴也同病相怜。后二战时代的特点是，七国集团领导世界经济、政治。美国称雄依赖其强大的联盟体系。未来15—20年，由于议题的多元性，权力也将呈现出多张面孔，并需同时因地而论，特定的行为体和权力工具只能在特定的议题上发挥作用。

美国在社交网络和高速通信方面的领先地位将赋予其明显的优势地位，但互联网也将壮大非国家行为体的力量。大多数情况下，美国要靠外部网络、伙伴和分支机构帮助，从而在具体问题上形成合力。美国的领导地位将依托于地位、参与度、外交技巧和建设性行动等多种因素。

美国的世界地位，也要看能否帮助处理好国际危机，这是大国当仁不让的责任，其1945年以来的世界地位也是国际社会众望所归的结果。若亚洲重走19末到20世纪初的欧洲老路，美国就需要充当“平衡手”，确保地区稳定。与此相反，如果作为全球储备货币的美元持续贬值，或由其他货币或一篮子货币替代，将是美国正在丧失全球经济和政治地位的最明确信号。

在到2030年这段时间，可能性最小的是，美国被另一个全球性大国取代，同时出现一个新的全球秩序。没有其他国家能跟美国平起平坐。新兴大国迫切希望在重要的多边机构，如联合国、国际货币基金组织和世界银行提升自身发言权，但他们并不反对这些机构及其原则。尽管它们与美国主导的国际秩序有矛盾，甚至不满，但还是从中受益，更愿意促进经济发展，巩固政局，而不是跟美国争夺领导地位。此外，新兴大国不是铁板一块，也没有另搞一套的打算。它们，甚至包括中国，都着眼于打造区域体系。美国力量崩溃或突然抽回国内，全球就会陷入长期无政府状态。

搅乱全球的潜在“黑天鹅”	
严重的流行病的爆发	无人能预测，下一个轮到何种病原体祸延人类，或何时何地爆发。如果快速传播的新型呼吸道病原体，能瘫痪或杀死一成以上患者，那就祸害滔天了。一旦爆发，不到六个月内，世界各地几千万人就会遭殃丧生。
气候的快速变化	大难顷刻临头，大多数科学家束手无策。久雨久旱，如在印度和其他亚洲国家的季风雨，将引发大规模的粮食危机。
欧元区或欧盟的崩溃	希腊执意退出欧元区，能酿成7倍于雷曼兄弟公司破产带来的损失，其对欧盟造成的冲击将超过2008年的金融危机。
中国的崩溃和民主化	未来五年内，预计中国将跨过15000美元的人均购买力平价（PPP）的临界点，这经常会触发民主化，中国“软实力”随之大幅提高，引起一波民主运动。不过，许多专家认为，民族主义狂热可能席卷一个民主的中国，而经济崩溃的中国则将引爆政治动荡，全球经济不得安宁。

续表

搅乱全球的潜在“黑天鹅”	
伊朗的改革	面临公众压力日增，伊朗可能会出现一个更自由的政体，结束国际制裁，谈判摆脱孤立。放弃搞核武器，伊朗会专注于经济现代化，为中东稳定造福。
核战争或大规模杀伤性武器/网络攻击	俄罗斯和巴基斯坦这样的核国家，伊朗和朝鲜这样潜在的核武器追求者，都用核武器来补偿政治与安全弱势，增大了使用核武器的风险。非国家行为体实施网络攻击或使用大规模杀伤性武器的机会也越来越多。
太阳地磁风暴	太阳风暴能破坏卫星、电网和许多敏感的电子设备。太阳地磁风暴复发间隔期少于一百年，世界依赖电力，太阳风暴会对我们构成不小威胁。
美国“抽身”	美国能力锐降，或突然回撤，会导致全球长期无政府状态；无一大国能取代，出面充当国际秩序保证人。

三、变换的世界

目前的情况使人回想起过去的历史转折点——如 1815 年、1919 年、1945 年和 1989 年。当时，历史发展道路并不是清晰可辨的，世界面临着不同的前途命运。我们有足够多的证据表明，过去几十年世界变化很快，而未来还会变得更快。这里描绘出四条通向 2030 年世界的不同路径：大停滞的世界（引擎熄火）、大融合的世界，大分化的世界以及非国家化的世界。与前几份报告一样，我们虚构了各种可能的场景，鼓励大家进一步发挥想象，深入思考。我们也有意地设置了一些可能的突变性事件，这些突变性事件很可能会大大改变我们对已知趋势的线性预测。我们希望能对这些发展趋势、潜在拐点和可能的意外事件有更深刻的理解，从而帮助决策者绕开决策陷阱，强化机遇意识，从而实现更为积极的发展。

（一）大停滞的世界

这种情况被选定为一种未来的前景，代表一种可能的“最糟糕情况”。在这种情况下，由于亚洲出现一场“大博弈”，国家间爆发冲突的风险上升。其中，比较悲观的情形是可以设想的：比如爆发一战或二战那样的大规模冲突，导致全球化彻底崩溃并发生逆转。但是，这种情形的可能性似乎不大。即便主要大国可能会被拖入冲突，但我们并不认为，任何此类紧张局势或者双边冲突会引起全面战争。比较可能的是，其他域外强国会介入以阻止冲突。实际上，正如我们已经强调的那样，主要大国将意识到卷入任何大规模冲突造成的经济和政治损失是得不偿失的。此外，与两次世界大战之间的年代不同，在这个比较先进的科技时代，由于普遍的联系，彻底摧毁经济上的相互依存或者全球化看来是比较困难的。尽管如此，这种大停滞的情形仍然是一种比较黯淡的未来。这种情形背后的驱动因素是美国和欧洲采取闭关自守的政策，不再对保持全球领导地位感兴趣。在这种情况下，欧元区迅速解体，使欧洲陷入衰退泥潭。美国能源革命未能实现，经济复苏前景更加黯淡。在麦肯锡公司就这种情况为我们所做的模型推演中，全球经济增长出现困难，所有国家都表现不佳。

（二）大融合的世界

“大融合的世界”是本报告所设四个场景中的另一个极端，描述的是我们所希望看到的“最好情况”。在这一前景中，南亚冲突扩散的幽灵引起了美国、欧洲和中国介入，从而实现停火。

中国、美国和欧洲找到其他可以合作的领域，引导双边关系发生积极变化，并带动旨在应对全球性挑战的更大范围内的广泛合作。这种场景有赖于政治上的领导，每一方克服其国内政治的掣肘而相互结成伙伴关系。随着时间的推移，由于在国际体系中扮演越来越重要的角色，中国开始政治改革的进程，使中国得以与其他大国建立信任。随着大国之间的合作越来越多，国际多边组织不断改革，变得更具包容性。在这个场景下，所有国家实力大幅上升。新兴经济体继续加速增长，而且发达经济体的国内生产总值增长也获得回升。到 2030 年，全球经济实际翻一番，达到 132 万亿美元。未来十年美国梦将会回归，人均收入上升 10000 美元。中国人均收入也迅速增长，确保避免中等收入陷阱。技术创新——植根于不断扩大的交流和全球共同努力——是世界发展免于受金融和资源约束的关键，并带来全球财富的的快速提升。

（三）大分化的世界

这是一个充满各种极端的场景。在许多国家，普遍的不平等导致越来越多的政治和社会紧张。国家之间也出现了明确的赢家和输家。例如，在欧元区中的那些核心强国表现很好，而其他国家则被迫离开欧盟，导致欧盟单一市场名存实亡。由于美国获得能源独立，它依然是最强大的国家并继续参与国际事务，但它不再试图扮演“世界警察”，以应对每一个安全威胁。许多能源生产国未能及时实现经济多元化转型，遭受能源价格下降的严重影响，内部冲突加剧。中国沿海地区的城市继续繁荣，但整体社会不平等十分突出，执政党内纷争随之加剧。除一小撮人之外，绝大多数中产阶级的期望没有得到满足，社会不满将达到顶峰，中国政府面临严重的治理困境。在这种情形中，新兴经济体和发达经济体均表现平平，既不像“大融合的世界”那样好，也不像

“大停滞的世界”那样糟。国内凝聚力的缺乏体现在国际层面，主要大国之间分歧加剧，爆发冲突的可能性增加。由于在援助和发展方面缺乏国际合作，更多国家沦为失败国家。总体而言，世界相当富裕，但却不那么安全，因为全球化的消极面在国内和国际政治中构成了日益严峻的挑战。

（四）非国家化的世界

在这个场景中，非国家行为者——非政府组织（NGO）、跨国企业、学术机构、富裕的个人——以及次国家单位（例如，大城市）获得蓬勃发展，在应对全球性挑战方面起带头作用。精英和日益壮大的中产阶级对一系列重大全球性挑战——贫困、环境、反腐败、法治、规则，以及和平（支持的基础）——达成越来越多的全球舆论共识。民族国家并没有消失，但国家越来越根据具体的问题与非国家行为体结成联盟。

在这一情形中，专制政权将会发现，要在国内维持政治主导地位并在一个“完全民主化”的世界中赢得尊重，将是异常艰难的事情。即便对于那些专注于主权和独立的民主国家，也难以在这个复杂而多元的世界中游刃有余。与那些缺乏政治和社会凝聚力的大国相比，规模较小、体制灵活、国内精英政见统一的国家将有更好的表现。那些正式的治理机构，如果不能适应权力日益分散和多元的事实，也将难以获得成功。在这个专业知识、影响力和灵活性的价值高于“权势”或“地位”的高度全球化的世界，跨国公司、信息技术通信公司、国际科学家、非政府组织等擅长于跨国合作的组织将进一步发展繁荣。

尽管如此，这仍然是一个“拼凑化”且很不均衡的世界。一些全球问题之所以得到解决，是因为不同群体实现了联手行动，国家与非国家跨越障碍实现了合作。在另外一些情况下，非国家行为体可能会试图应对一项挑战，但却受到来自主要大国的反对而举步维艰。安全方面的威胁构成日益严峻的挑战，因为获得致命技术变得更加容易，个人和小规模组织更容易实施大规模的暴力和破坏活动。在经济上，这种情形下的全球经济增长要比“大分化的世界”稍微好一些，因为在应对全球重大挑战方面的合作会更多。与“大分化的世界”相比，这种情形下的世界也将更加稳定和具有凝聚力。

导　言

《双城记》写的是法国大革命和工业化时代前夕的情景，酷似当代转型期。而今，风云变幻，好坏兼有，广度规模，余波涟漪，堪比18世纪末的政治、经济革命，况乃过之而无不及。

> “那是最美好的时代，那是最糟透的时代……那是希望的春天，那是失望的冬天……我们全都在直奔天堂，我们全都在直奔相反的方向……”
>
> ——查尔斯·狄更斯：《双城记》

世界飞速转型，盛况空前……

参见下方图表。英国花了 155 年，人均国内生产总值才在 1870 年翻一番，当时人口约为 900 万……美国和德国，耗时约 30—60 年之间才实现该目标，两国人口稍多一些，但也不过数千万。印度和中国，正迈向同样目标，规模速度，前所未见：两国人口总和百倍于英国，时间花费却仅 1/10。到 2030 年，亚洲早已生气蓬勃，重返世界，举足轻重，恢复公元 1500 年前后的世界领先地位。

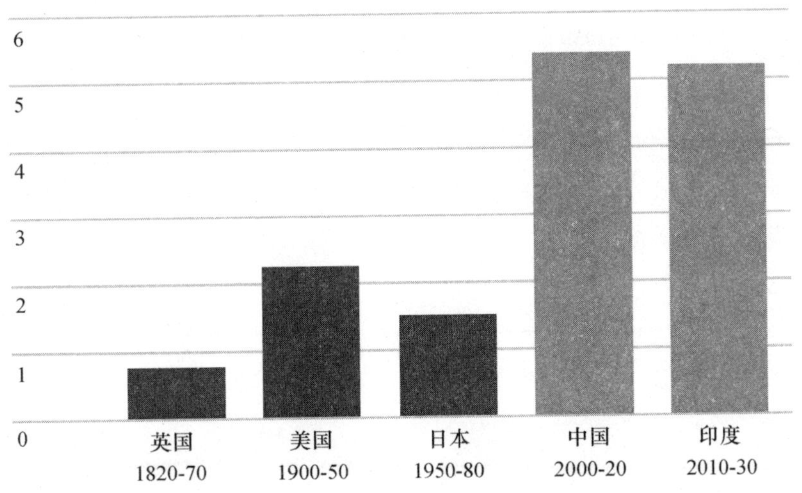

五国在全球 GDP 所占百分比的平均涨幅，（以每 10 年为单位）

……但亚洲尚未全面“盛世再现”

世界在其他方面也发生了巨变。到 2030 年，在大部分国家，人口主体将是中产阶级，而不再是贫困阶层，这在人类历史上还是第一次。

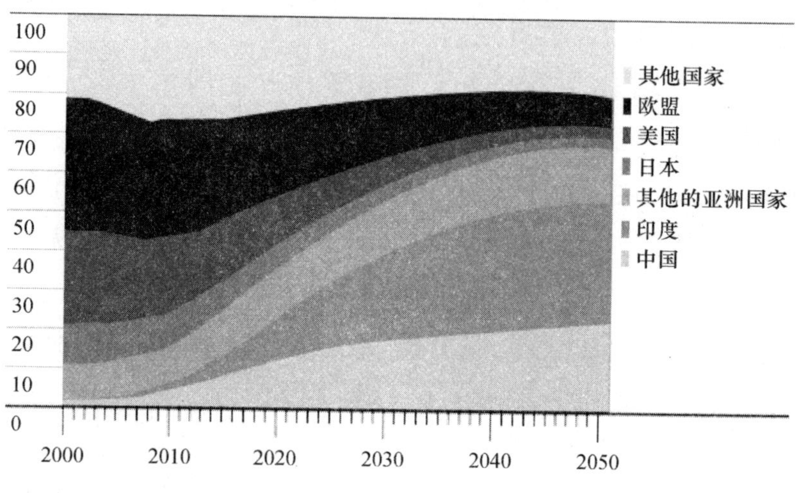

2000—2050 年，全球中产阶级消费分布图（百分比）

全球城市人口暴涨

每年，约有六千五百万人进入城市，相当于每年增加七个芝加哥或五个伦敦。

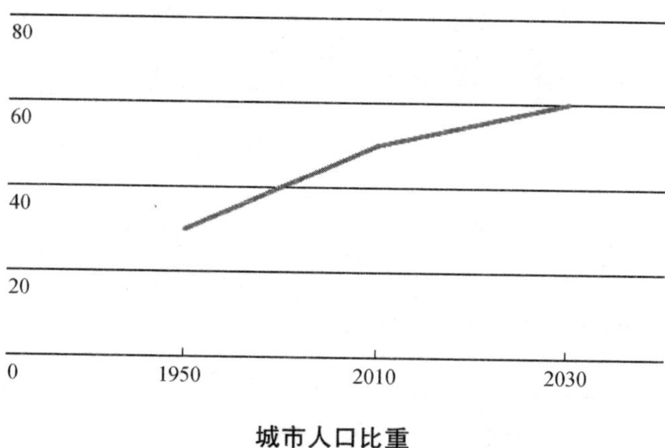

城市人口比重

……技术日新月异

美国人应用新技术快，发展中国家更快，跳过了发达国家研发期。

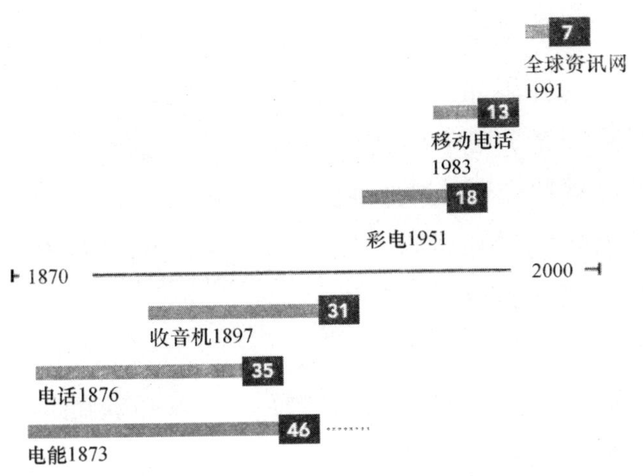

四分之一美国人用上一项新发明年限

本报告旨在激发读者对未来15—20年内地缘政治、经济及科技领域的巨变轨迹及其影响作深入的思考。

报告从推动这场巨变的四大趋势谈起——个人能力的增长；权力由西向东，由北向南以及由一元向多元的扩散转变；人口结构剧变，银发族与中产阶级同时猛增；自然资源奇缺等等。这四大趋势是可知的，我们也知道这些趋势将带来一个转型的世界；但这个世界到底会转向何方，却充满变数。可以说，我们正在驶向未知的水域。

在我们看来，2030年的世界究竟会变成什么样子，将由四大趋势与六个“改变局面的因素”之间的互动来决定。这六大因素是：全球经济多极化、治理性差距、更多潜在的冲突、大范围的地区动荡、新技术以及美国的角色。四大趋势与六大因素相互碰撞，足以扭转乾坤，既可搅得天下大乱，也可带来歌舞升平。

立足上述碰撞，这里描绘出四幅潜在世界图景。光谱的阴暗一端是，大停滞的世界：美国收缩，国家间斗得昏天黑地。光谱的灿烂一端，则是大融合的世界：社会、经济、技术、政治均取得显著进展。两大极端之间，还夹杂着另外两幅图景，一幅是大分化的世界，贫富悬殊，社会不公；另一幅则是，非国家化的世界，非国家行为体迅猛发展，既会带来好处，也可以滋生祸端。

上述四幅图景，绝非命定。演变趋势，意外事件，固然可以影响未来世界秩序，但人的作用同样不可忽视。展望未来时，本报告指出未来的机遇和风险，以及那些可能的重要转折点，便于读者思考和谋划左右世界形势的战略。

四大趋势与六大因素，相互碰撞，足以扭转乾坤，既可搅得天下大乱，也可带来歌舞升平。

展望未来 15—20 年，报告力求免受西方世界现状的过度影响，因为 2008 年全球金融危机似乎给西方的未来蒙上了阴影。恰恰相反，值此历史关头，我们放眼全球事态，紧盯能左右世界前进方向的种种力量。

跟国家情报委员会此前的报告类似，本报告并不奢望预测未来，因为这必定是徒劳无功的；本报告旨在提供一个框架，供人们沉思未来的种种前景及其各方面影响。

《全球趋势 2030》的国际反响

我们与五大洲近 20 个国家专家面谈，就《全球趋势 2030》初稿征询意见。在一些我们访问的国家也有一些官方或非官方的机构在从事类似的展望研究，以使我们能够更好地相互交流看法。显而易见，研究主题涉猎宽广，初稿不可能搜罗无遗，多方交谈间，毕竟浮出了一些共同主题：

乐观过头？在许多人看来，报告的草稿大谈个人能力的增长和技术进步，显然过于乐观。有人批评道：“有关互联网的乐观态度令人困惑，互联网会制造出一些非理性的混乱，不单是意识形态，而且还会有疯狂的邪教等”。还有人说：“我们总认为，人们获得更多商品和服务时，就会知足；但欲壑难填，年轻一代不再像前辈那样有耐心甘愿埋头苦干20—30年来致富，所以他们将是破坏性的一代”。

“这个世界，看起来更像是霍布斯式的，而非康德式的。”许多人认为，草稿有关“政治认同”的问题阐述不足。一个评论者认为，“个人能力的增长可能被集体能力的增长所平衡和抵消”。另一个评论者则认为，“政治认同”的问题可能会日益突出，并在国家内部导致价值的碎片化而不是价值趋同化；因为每个个体都会更加强调自身的特殊性而不是与他们的共同性”。还有人认为，“宗教蒙昧主义、宗派主义，会把整个地区都抛回蛮荒时代”。此外还有人不赞同社交媒体会提升穆斯林妇女地位的观点，因为“穆斯林妇女识文断字，会读《古兰经》，而非《人权法案》”。

“阿拉伯之春”。一些中国分析家认为“阿拉伯之春”开启了一个大乱局的时代，后果堪忧”。对俄罗斯分析家而言，正在形成的战略环境，不单是“多极化世界”，还将是“多元化文明”。俄方对话伙伴担心“穆斯林文明”极端分子会加剧全球动荡。阿联酋的对话者认为，不存在什么“温和的圣战主义者”；还有人质疑“阿拉伯之春”是否真的会带来民主化，并认为即便放长远看，也未必如此。

消费至上主义的灾难？绝大部分人同意，中产阶级崛起是大趋势，具有深远意义。但一些交谈人士，如巴西人，则指出中产阶级资源消费无度，从而导致严重的环境保护问题。他们甚至认为，中产阶级崛起与“生态灾难”会是双胞胎。

中国。无论在中国，还是在全球其他国家，中国一直是座谈的热门话题。有人认为初稿强调过多，另外一些人则希望大书特书，因为中国本身就是改变全局的因素。一些中国分析者讲，“当前对中国而言，既是最美好的时刻，也是糟透了的时刻。腐败猖獗横行。到2030年，情况会好转，包括政治改革在内。”非洲分析家说：“作为非洲人，我们需要决定想从中国那里获得什么，从战略上讲，与我们接触的规则，不能让中国人说了算。”印度分析家则担心，与中国的经济和技术差距会拉大。绝大多数人都同意草稿中提到的观点：美中关系或许是最重要的双边关系，决定如何塑造未来。

欧洲的未来。跟以往《全球趋势》报告不同，这次一提起欧洲，话匣子就打开了，议论纷纷。俄罗斯人迫切希望加深与欧洲的伙伴关系、加强俄美关系，避免欧洲出大乱子。许多欧洲对话伙伴用“碎片化”来概括欧洲的未来，而欧洲商界则强调财政一体化的可能性和跨大西洋经济关系对全球经济的重要性。欧洲以外地区，如非洲，则担心欧洲衰落，它们会更离不开中国和其他新兴大国。

对美国又恨又爱。许多人认为，需要美国这个强大国家去支撑国际体系。一些俄罗斯对话伙伴认为，“今后美国绝不会不再当保护世界秩序的世界霸权国——也不会再搞孤立主义……”，“但是，一些人则质疑美国算不算个好的安全提供者，美国煽动起如伊拉克那样的一些冲突，且二战以来参加战争的次数超过任何国家”。

治理水平的差距。需要更好的领导和治理机制，是一个人人都提起的议题。绝大多数分析者认为所在区域缺的就是这个。“国家规模越来越大，全球皆然。管理却糟糕稀松……”。一些中国人眼里更是一团糟，“在2030年，全球治理搞不好，我们经济却依旧离不开境外资源。没有全球治理机制，一场危机就会降临。”

更多潜在的冲突。会谈者担忧未来冲突风险会上升。一些俄罗斯分析者注意到，未来冲突将出现在新的潜在军事行动领域，如网络武器、空间军事化、全球精确打击能力、非核化反导防御系统等等。很多人预计，核扩散会不可收拾，并怀疑能否建立稳定的多边核威慑机制。印度分析家认为，需要思考“新的扩展公地”，包括网络、太空和海洋空间。非洲伙伴则非常担心气候变化会导致新的社会和经济紧张，进而引发国内冲突。

国际体系的传承与变化。大多数人与我们持相同观点，看到历史性变革正在展开，预测2030年国际体系将更加困难。一位专家一语中的："逝者逝矣，来者未来"。很多人担忧，国际体系乱了套，未来不再是基于规则，而是基于利益。也有人看到了一些延续性。正如某人提及，"国际关系体系会更加多中心化，但权力层级仍未改变。"中国的座谈伙伴强调，中国仍需几十年才能赶上美国：在2030年，中国将不会与美国一试高低。多数人同意，非国家行为体会得势，但一些人在这些非国家行为体是否能与政府权威相抗衡的问题上持不同意见。

第一章　世界大趋势

2030 年的世界面貌受到四大趋势主宰支配：一是个人能力显著上升，推动其他三大趋势滚滚向前；二是国际国内，权势继续分散，超级大国不复存在，政府权威受到挑战；三是各地人口或剧增或剧减，个人大流动动辄影响全球；四是人口激增加剧资源紧缺，粮食、水、能源与气候变化紧密互动、难解难分，影响人类生存。凡此四大趋势，环环紧扣，处处与个人息息相关，均已见端倪于今日。今后 15—20 年，势头益发强劲，其复合影响终将催生质变，世界面貌对比今日将大有不同。

届时全球各地中产阶级队伍将新增亿万人，一个全球性庞大无比的“公民群体”即将涌现，这对世界政治与经济走势自会产生积极影响。然而，随着人口增长，资源约束将变本加厉，如不改进管理，开拓新技术，好事会变坏事，拖累发展步伐，经济火车头熄火，世界反倒会举步维艰，前景堪虞。

一、大趋势之一：个人能力显著增长

个人能力显著上升在四大趋势中高居榜首，它推动全球经济深化发展、发展中国家快速崛起、通信和制造业技术突飞猛进等其他三大趋势，这三大趋势又反过来为个人插上翅膀。在此，个人既是因又是果。

今后15—20年，个人会对解决全球性问题做出更大贡献。另一方面，我们还应看到，个人也可能成为一些新的不稳定威胁的罪魁祸首。当前世界形势剧变，网络、生物等技术日新月异，无孔不入，会让个体或小团体轻易攫取到手原由主权国家垄断的技术，破坏性强，危害极大，尤其是精确打击能力、网络工具、生物恐怖武器等，能使个人拥有更大的破坏力，而这一权力原是由主权国家独享。何况全球贫困人口减少，中产阶级膨胀，教育日益普及，医疗状况改善，凡此种种，都让个体能耐大增。

“今后15—20年，个人会对解决全球性问题做出更大贡献。”

在此情势下，个人大展雄风的势头还会进一步加速。历史上首次，全球多数人口将摆脱贫困，中产阶级成为全球大多数国家中最具政治和经济影响力的群体。通信技术发展将赋予个人更大的政治影响力，个人对政府的影响力也将不断提高。众多现成与尚待研发的通信技术，还会使他们呼风唤雨的能量猛升，影响到各国乃至全球治理。尽管如此，个体能力增长，就业竞争会更加激烈，他们当中许多人也会为此提心吊胆、惴惴不安。

（一）贫困人口减少

全球约有10亿赤贫人口[①]，还有10亿人营养不良。贫困人口的总数长期无大变，只因全球人口猛增，所占比率有所下降。

① “赤贫人口”的定义是每天收入按购买力平价少于1美元，最近标准调至1.25美元。

但是，随着全球经济广泛发展，越来越多的人摆脱绝对贫困。如果不发生长期经济危机，全球贫困人口在未来20年将持续减少，根据一些模型推断，到2030年绝对贫困人口将减为当前的一半。

大范围脱贫在中国等东亚国家已有先例，一旦经济腾飞，贫困率将陡降。预计在南亚、中东与北非地区，穷人会明显减少。可是，未来15—20年，撒哈拉以南非洲的减贫却将困难重重，贫困率预计只能下降10%左右。

撇开这一最悲观的前景不论，多数情况下，到2030年，全球减贫将凯歌高奏。然而一旦经济衰退旷日持久，直到2030年，摆脱赤贫的人口可能无法实现原定的新千年指标。绝对贫困人口到2030年或只能减少25%，意味着将有超过8亿人仍生活在极端贫困线之下。如脱贫速度放缓，涌进全球中产阶级的人群也会随之减少。

（二）全球中产阶级膨胀

预计15—20年内，发展中国家的中产阶级总数、所占比例和平均生活质量都将明显提升。即便按照较保守的模型估算，也将由10亿飙升至20亿。[①] 其他模型的结果则更乐观，最高估计2030年会达到30亿人。[②] 所有研究均认为亚洲是中产阶级猛增的地区，其中印度有望超过中国。根据亚洲开发银行的研究，一旦

---

① 对于中产阶级的定义有多个标准，因此导致其总数有较大差别。按照本报告所采用的“国际未来模型”，中产阶级的定义标准更看重人均可支配收入，而非人均GDP。“国际未来模型”认为，人均可支配收入在10—50美元购买力平价即为中产阶级。高盛则采用人均GDP标准，认为人均GDP在6000—30000美元为中产阶级，按这一标准，到2030年将有12亿人越过这一门槛。经合组织2009年的研究预测有18.5亿人将在2030年成为中产阶级。世界银行在2005年的预测则为26.4亿。

② 该预测来自高盛在2008年的报告。

中国政府新的目标兑现，即家庭支出至少与 GDP 增长同步，中国中产阶级人口势将激增。到 2030 年，超过 75% 的中国人将迈入中产阶级行列，赤贫绝迹。据高盛集团研究，即便不算中国和印度，全球新增中产阶级之多，也会超过以往几十年。众多研究表明，非洲增长速度会一马当先，主要原因在于其基数太低。

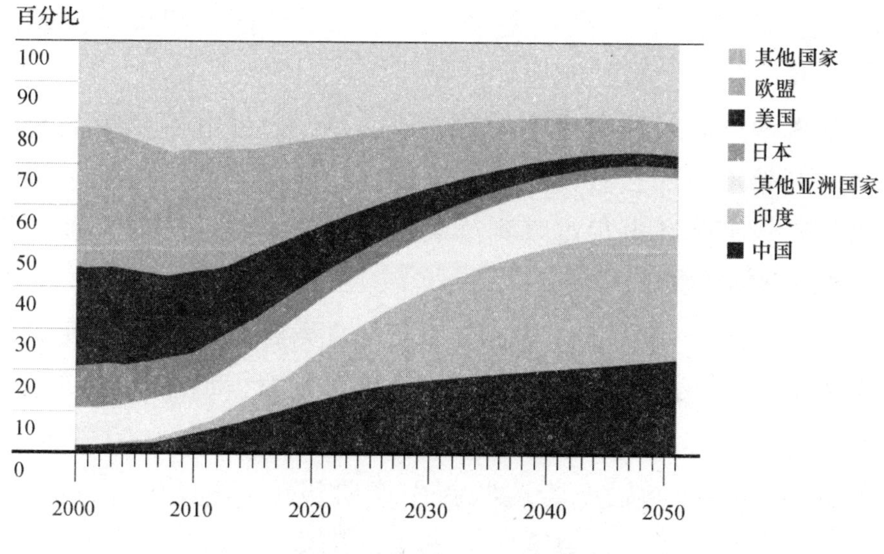

各国中产阶级占人口比重

资料来源：经济合作与发展组织（OECD）。

要在中产阶级与脱贫人口间划线并不容易，特别是要以购买力平价来计算，划归哪头，伸缩性太大。按发达国家标准衡量，发展中国家新生中产阶级中很大一部分人其实仍处在低端，人均收入仍未脱贫。不过，他们当中处在高端一头，能向西方中产阶级标准靠拢的也大有人在，总数将从当前的 3.3 亿增加到 2030 年 6.79 亿。全球富裕人口总数也会快速攀升。届时，全球领袖人物多半会出自此辈当中。

中产阶级大膨胀影响很大。小轿车等消费品需求必将暴涨。据高盛集团分析，一旦他们紧跟十九世纪末期欧美前辈，获得大量财富后，全球资源的紧张程度定当大大超过当年。

还有，就一般情况而论，随着个人晋身中产阶级，价值观便会起较大变化，萌生政治、经济变革要求。从历史经验来看，中产阶级崛起，不仅会呼吁扩大民主，更可能走向民粹主义，乃至搞独裁专制。有时人们把人均年收入 12000 美元看成一道坎，迈过去了，民主国家就不会倒退回专制制度了。

“所有研究均认为亚洲是中产阶级猛增地区，印度有望超过中国。”

随着中产阶级扩大，收入悬殊，这一崛起发展中国家的突出特色会开始不再那么惹人注目。不过，即便绝大多数发展中国家的基尼系数下降，也很难降到德国、芬兰等多数欧洲国家那样相对较低的水平。

其实，下降归下降，发展中国家贫富差距依旧不小，尤以城乡差距为最。更多乡下人会进城寻找机会发财，城市中的机遇比呆在农村高得多。不过进城大军至少在初期会带来贫民窟增多、返贫担忧的增加问题。若这些新中产阶级坐不稳位子，再度返贫，就会催促政府打通社会上升通道。历史经验表明，期望过高落空后，政治风波便会随之掀起。

不仅如此，全球中产阶级的膨胀，还掩盖了西方发达国家中产阶级的窘迫。美国中产阶级消费者在全球所占份额会滑坡，他们的身价在发展中国家新兴中产阶级大潮面前也会下跌。许多其他经合组织成员国经济增速放慢，给人以中产阶级挣扎图存的强烈印象。这群人在日益全球化的就业市场上还将面临更激烈的竞争，这也包括那些需要更高技能的工作岗位在内。亚洲开发银行认为，未来数十年欧美中产阶级消费量每年可能仅上升0.6%，相形之下，亚洲中产阶级消费量直到 2030 年每年都将提高 9%。

（三）教育与性别差距

教育部门既是推动了中产阶级膨胀的动因，也是这一现象的受益者。个人和国家的经济实力决定将主要由教育水平决定。在中东北非地区，人均接受正规教育年限将由当前的7.1年上升到8.7年，这一地区妇女受教育年限也将从5.0年上升到7.0年。在全球范围内，男女受教育年限的差距将显著缩小，在中上收入国家和高收入国家，受过高等教育的妇女人数将会大幅增加。

过去几十年来尽管男女受教育与健康水平差距缩小，但对男女从政经商一视同仁却影响有限。其实，妇女加入劳动大军会大力推动许多国家前进，提升劳动生产率，减轻因老龄化带来的后果。妇女参政还会改善国家治理。一些研究已表明，女性成为议会议员或出任高官有助于遏制腐败。[①]

根据达沃斯论坛公布的《全球性别差异指数》报告，[②] 2012年只有60%的经济差异和20%的政治差异同比有所下降。全球尚无一个国家实现男女经济政治完全平等，只有北欧国家最接近达标，值得其他国家学习。大多数北欧国家从20世纪初就开始赋予妇女选举权，从1970年起，一些党派还设定女性代表比例，提高了女性参政热情。在经济方面，北欧国家制定慷慨的政策，照顾幼儿与产妇孕妇，从而大幅度提高了妇女就业比重与生育率。

根据国际未来模型预测，到2030年，全球性别差异改善速度仍较为缓慢，在中东、南亚和撒哈拉以南非洲尤其如此。这些

① 更多关于女性参与对政治及经济的影响请，参见《全球趋势2025》报告，第16—17页，及《全球趋势2020》报告，第38—39页。

② 该报告参见 http：//ww3. weforum. org/docs/WEF GenderGAP Report 2012. pdf.

地区在经济和政治上性别平等的起点都比较低。而在东亚和拉美，改善速度会较快，至于在美欧高收入发达国家，2030 年时的性别差异会比其他地区小得多，其实现状已经如此。

（四） 通信技术的作用

第二代无线移动通信（即智能手机）之类新兴技术，赋予个人更大能力，给发展中国家插上翅膀。无线技术省去大量基础电信设施费用，显著缩小城乡差距——这个由上一轮通信革命种下的恶果。近年来，非洲智能手机推广速度之快令人咋舌，65% 人口实现了人手一机。如今，数百万非洲人通过互联网与境外联通，能迅速获得传染病或水污染等与生活息息相关的信息。在肯尼亚西部，一个水源监测系统通过互联网警示下游居民水中出现传染病菌，还发放了滤水网。

社交媒体帮个人增添本领

穆斯林妇女一向教育水平低，经商能力弱，如今对社交媒体却情有独钟。尽管有数据表明上网会使她们更激进，但网络提升妇女本领，增进女性团结的报道要多得多。网上社会冲破了日常狭小圈子，提供了一片“安全区”，可以畅谈性别平等、妇女权益及妇女在伊斯兰法内的地位等敏感议题，但能否参与其间，则要受收入、上网条件与教育水平的限制。我们认为，到 2030 年，更多穆斯林妇女会登录网络平台，女性经济权和女性参政情况都会改观。

（五） 健康状况的改善

到 2030 年，全球健康状况会持续改善，惠及银发族。哪怕面临艾滋病威胁，近几十年来，防治疾病重担也正在从传染病转向非传染病。[①] 根据我们用计算机做出的模型和相关研究，除非爆发新的致命传染病（详见下一段说明），艾滋病、痢疾、疟疾和呼吸道感染等的发病率都将在2030年下降30%。艾滋病死亡数可能已在2004年达到顶点，该年约两百万人因此丧命。全球竭力根除疟疾，但疟疾病菌的耐药性正在增加，而志愿献身做实验对象的人群却越来越少。尽管撒哈拉以南非洲医疗条件依旧落后，但2030年，非传染病（如心脏病）夺走的生命会超过传染病。

“到2030年，全球健康状况会持续改善，惠及银发族。”

在撒哈拉以南非洲以外地区，乃至其他发展中国家，癌症、心脑血管病、糖尿病等慢性病死亡率长期居高不下，但随着全球防治医疗非传染病（亦即慢性病）技术进步，人类会更长寿。在发展中国家，诊断技术的提高将减少母婴传染和婴幼儿感染性疾病，婴幼儿死亡率会大幅降低，势将大幅度提高发展中国家的预期寿命。不过，穷、富国间预期寿命仍将相差悬殊。

流行病：一个未解之谜

近年来，科学家刚开始认识到大流行病何其多。人们发现前所未识的病原体，正不时从动物身上进入人体。牛身上的朊病毒上世纪80年代传染给人类，形成变体克—雅二氏病；蝙蝠身上一种病毒1999年传染给人类，引发人类的“尼帕病毒”；另一种冠状病毒于2002年再次传染给人类引发人类的“非典型肺炎”（SARS）。人畜数量猛增，大规模砍伐森林，都增加人类感染此类人畜共患疾病的机会，传染病发病率因之上升。无人

① 传染病包括通过母婴传播、空气或水源传播的疾病，例如艾滋病、痢疾、疟疾、呼吸道传染病等。

能预计下次哪种源自动物的病原体会在人类中迅速传播，在何时何地肆虐。

从以往情况看，此类呼吸道传染病死亡率极高。很多病种殃及一大批人。半年内就可危害全球任何角落，可惜难以预测，历来多在人们抵抗力薄弱时逞凶，如战争或人口大迁移时期。黑死病就曾夺走三分之一的欧洲人性命，麻疹和天花更让90%的美洲土著人丧生，甚至1918年一场大流感也让不少人命丧黄泉，还感染了德国15%的作战部队。世界卫生组织认为，在全球人口高速流动的今天，类似疾病会像洪水般骤然爆发。

另一些大流行病的传染速度虽慢，却十分厉害，艾滋病就构成这一类威胁，患者感染后很久才觉查，医学界在病毒感染人类半个世纪之久后才找出病因。

生物科技日新月异，有助于人类更快查出病因，发明针对性强的疫苗或治疗措施。可惜还是赶不上疾病蔓延的速度。肺结核、淋病或葡萄球菌虽说早已攻克，可是一旦具有耐药性，就可能再次变为流行病，导致医疗保健费用陡增，还会让大批人群回到类似抗生素问世前的时代去。到2030年，遗传工程大发展，成千上万能够人工合成的新奇病原体可能被释放到世界中蓄意惹祸，天然发生的传染病本已十分可怕，再加上人为捣乱，就更难对付了。

（六）意识形态冲突的加剧

中产阶级扩大，经济潜力各有千秋，权势更加分散，引起意识形态领域流派蜂起。从经济方面看，全球化受到寻求西方物质进步的社会欢迎，但向它们传播的科学理性、个人独立、政府实行政教分离、法律至上等西方价值观却受到社会本土文化特征与政治传统的挑战。西方意识形态与当地传统政治、文化和宗教间相互影响日甚一日。在此情况下，一些国家一心既要全球化却又不想要西方化，如何处理好两者关系，将成为许多新兴国家面临的重大挑战。直至2030年，如何调和西方全球化与当地传统政治、文化和宗教之间的矛盾将成许多新兴国家社会的重大挑战，这将对2030年各国政府的国内治理能力、经济表现乃至全球趋势带来深远影响。

当前，意识形态形势瞬息万变，西方世俗观念不一定能够支撑得起国际体系，提供占支配地位的价值观。相形之下，宗教特性非但不变，反而声势更大，何况人口激增，资源就会紧缺，环保意识随之增强，而新通信技术又为个人增添本领。凡此种种环环相扣，都为有别于西方的替代性价值观在全球政治舞台登场作了铺垫。随着形形色色的非西方社会推行各自的经济转型，它们有可能沿着宗教、种族、文化乃至国家民族至上的路子，各自紧密抱团。这样一来便会添加交流障碍，彼此关系更难处理，结果是社会四分五裂，化为块块碎片。

也有人认为情况会截然相反，西方观念会与崛起国相互影响，逐渐融合，假以时日，便繁衍出一种新的"杂交意识形态"，有利于人类在更多领域合作，从而赢得丰硕经济成果，同时也在一些全球治理的问题上获得更多共识。根据近期欧盟的全球趋势研究，[①] 鉴于各自相异的民族面临着类似的经济和政治挑战，彼此间在准则与价值观上正在越走越近，而不是分道扬镳。

其实，仔细审视就会发现，各个社会内部以及各社会间正在展开一场意识形态论战。宗教将成为国家或社会间意识形态交流和聚集的中心。宗教，尤其是伊斯兰教，已经壮大成世界政治中

① European Strategy and Policy Analysis System（ESPAS）Report on Global Trends 2030，Institute for Security Studies，European Union，October，2011.

的一股重要力量。借助民主化和政治自由，宗教有了更大的话语权，而新的通信技术又便于宗教组织填补政府尚未提供的服务。借全球经济掀起狂风恶浪之际，宗教团体善于用教义解读治理之道，动员信众反思经济平等、社会公平等热门话题。这样一来，宗教思想与信仰便在全球政治圈里大行其道。于是在新时代，宗教观念、宗教领袖与宗教组织便在全球精英和草根阶层中吃香走红起来。

民族主义则是另一股正在窜升的力量，在领土争端尚待解决，而国家兴衰又瞬息万变的东亚地区尤其如此。此外，许多脆弱的发展中国家如撒哈拉以南非洲，气候变化造成自然资源困乏更甚，从而加剧了部族间冲突。意识形态极易成为种族、宗教、社会阶层等群体现实矛盾爆发的导火索。人们一度认为城市化会促进政教分离，如今反而会为宗教特征呐喊助威。在欧洲和俄罗斯，涌进城市的新居民大多信奉伊斯兰教，靠宗教抱团。人们对宗教组织提供社会服务的需求还会因城市化而增长，伊斯兰教和基督教的布道者都善于钻这个空子，更有效地笼络信众，增强凝聚力，壮大声势。

二、大趋势之二：权势的扩散

到 2030 年，权势将从大国向普通国家扩散，同时也由国家向非国家网络扩散，这一趋势将产生惊天动地的影响。始自 1750 年的西方称霸的局面大体会逆转，亚洲将重返国际政治经济中心。到 2030 年，如按国内生产总值、人口总量、军事开支和科技投入来计算全球力量，亚洲将超过北美与欧州的总和。届时，中国在经济上很可能跃居世界老大，提前几年赶超美国。[①] 而欧洲、日本和俄罗斯相对衰落的局面会依旧如故。

同等重要的是，其他非西方中等经济体也将崛起，例如哥伦比亚、埃及、印尼、伊朗、南非、墨西哥、土耳其等等。论单个国家，它们大多只能甘居二流，无法跟中国、印度这样的巨人相比。但作为一个群体，到 2030 年，其全球权力将超过欧洲、日本和俄罗斯。我们的电脑模型显示，如果将高盛集团提出的“新钻 11 国”[②] 按整体计算，其全球力量到 2030 年将超过欧盟 27 国。如果将这个二等集团跟中国和印度算在一起，到了 2030 年，全球权力从西方世界向非西方世界转移的现象将越发突出。这一国家权力转移声势之巨大，从升格的地区大国数量之众，便可见一斑。在亚洲，中印在区域内的统治地位早已扎下根，无法撼动。

到 2030 年，中国的国内生产总值有可能达到日本的 1.4 倍。[③] 作为世界上最大的经济体，中国到 2030 年仍将领先印度，但差距将开始缩小。中国增速将开始放缓，而印度增速却将加快。到 2030 年，印度会像今天的中国一样成为最富活力的经济体，而中国 8%—10% 的增速将成为遥远的回忆。

2016 年，中国适龄劳动力人口将达到峰值 9.94 亿，到 2030 年，这一数字将下滑至 9.61 亿。印度的情况刚好相反，适龄劳动力人口峰值要到 2050 年才会到来。同样重要的是，印度很有可能巩固对巴基斯坦的优势。当前印度经济总量几近巴基斯坦的 8 倍，到 2030 年，将轻而易举扩大到 16 倍。

---

① 根据我们的模型估计，按照购买力平价计算，到 2022 年中国的经济总量将超过美国。按照市场汇率折算，到 2030 年中国经济总量将超过美国。在这两项标准中，购买力平价更表现出一个国家的根本经济实力。

② 高盛的“新钻 11 国”包括孟加拉、埃及、印尼、伊朗、墨西哥、尼日利亚、巴基斯坦、菲律宾、韩国、土耳其和越南。

③ 该比率根据市场汇率折算。

在非洲，埃及、埃塞俄比亚和尼日利亚有潜力在综合国力上逼近或超过南非，关键要看治理能力能否促进经济增长，推动社会进步并提高人口素质。在东南亚，越南的区域地位将上升，到 2030 年其经济总量将接近泰国。从当前形势看，越南得益于人均国内生产总值稳步增长，而泰国在这方面则陷入起伏不定、忽高忽低的状态。在拉美，巴西在未来 15 年将确立"南方巨人"的地位，牢固确立对墨西哥和哥伦比亚的相对优势，尽管这两国的前景也相当看好。在欧洲，德国前景不错，可能会继续领先欧盟其他 26 个成员国，但人口老龄化会拖德国经济成长的后腿。俄罗斯将在 2030 年前经历人口陡降，减少超过 1000 万人，高于同期世界上其他国家，但是，如能稳住当前移民和经济增长势头，俄罗斯还能保住当前全球权力份额。

附图：发展中国家的整体实力将在 2030 年超过美国

传统的"全球趋势"研究运用 GDP、人口、军事开支和技术投入来衡量一个国家的综合国力。近期，我们又重新修正了"全球趋势"研究所依据的"全球力量指数"，将 21 世纪中重要的卫生、教育和政府治理能力纳入其中。根据新指标，中国和印度在全球力量中的份额上升速度较慢，根据旧指标，中国在 2030 年的全球力量份额将赶超美国，但根据新指标，届时中国仍将落后美国 4 至 5 个百分点。无论使用哪种指标，到 2030 年，发展中国家的权力总和都会超过包括美国在内的所有发达国家权力的总和。另外，在两种指标中，欧洲、日本和俄罗斯在全球权力中占有的份额都在滑坡，俄罗斯下滑会稍稍慢一点。

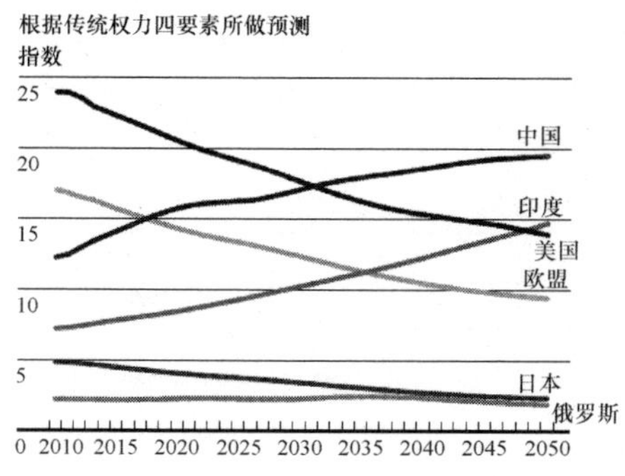

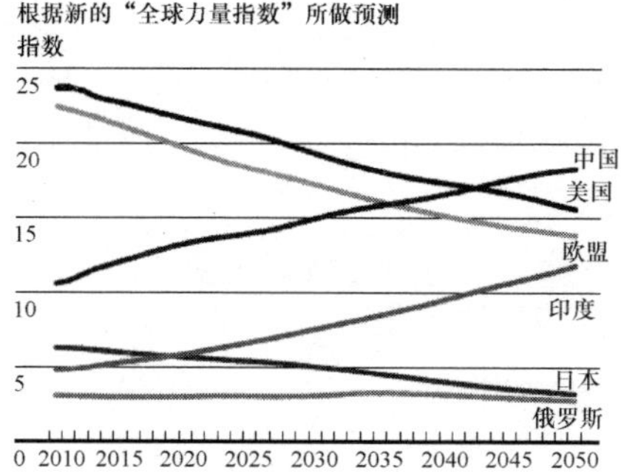

到2030年，无论使用哪种指标，发展中国家的权力总和都会超过发达国家（不是所有OECD国家）

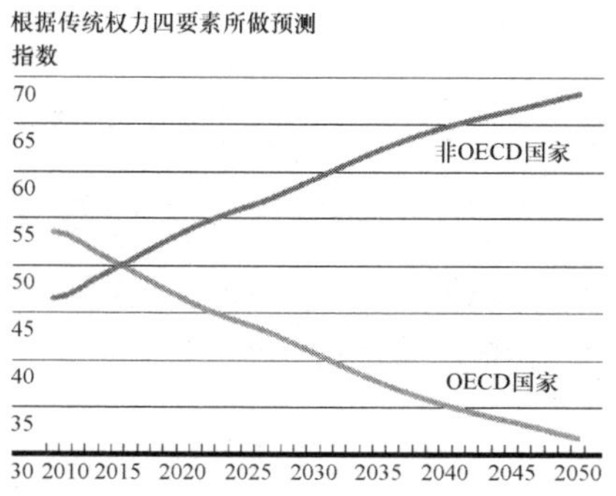

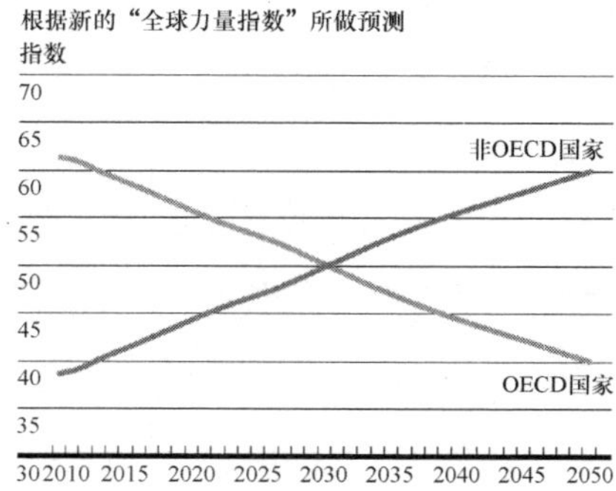

我们的模型同时发现，绝大多数“脆弱国家”中，今后15至20年仍将高度动荡，包括阿富汗、民主刚果和索马里，很可能仍将受困于治理能力差、安全形势恶化、经济发展停滞、人口增多和环境恶化这些老大难问题。

附表：失败国家风险高

辛迪加国际的研究人员制订出人类适居指数用来衡量人类居住生态条件、人类适应环境能力与人类相互冲突间的关系，由下述七个指标构成：人口增长率、人口密度、人均摄取热量、人均可再生淡水占用量、人均可耕作土地面积、平均年龄和人口健康状况。下图系人类适居指数最低、动荡最严重的国家，根据我们预测，由于生活条件极其恶劣，即便到了2030年，大部分国家仍将榜上有名。

高风险的失败国家列表		
排名	2008 年	2030 年预测
1	布隆迪	索马里
2	也门	布隆迪
3	索马里	卢旺达
4	阿富汗	也门
5	乌干达	乌干达
6	马拉维	阿富汗
7	民主刚果	马拉维
8	肯尼亚	民主刚果
9	海地	尼日利亚
10	埃塞俄比亚	尼日利亚（译注：原报告如此）
11	孟加拉	尼日尔
12	巴基斯坦	巴基斯坦
13	尼日利亚	乍得
14	尼日尔	海地
15	乍得	埃塞俄比亚

（一）国家兴衰呈现新特征

国运兴衰寻常事，犹如瞬息千变般。影响所及，不但牵涉国家间关系，随着对本国国际地位的期盼，或实现或破灭，都会牵涉到国内人心向背。到 2030 年，有不少国家将越过拐点，从此走上下坡路，全球权力将徘徊不前，或增长速度回落下滑。中国、美国、欧盟、日本和俄罗斯都会通过拐点，增速放慢，这就会给国际体系加重压力。

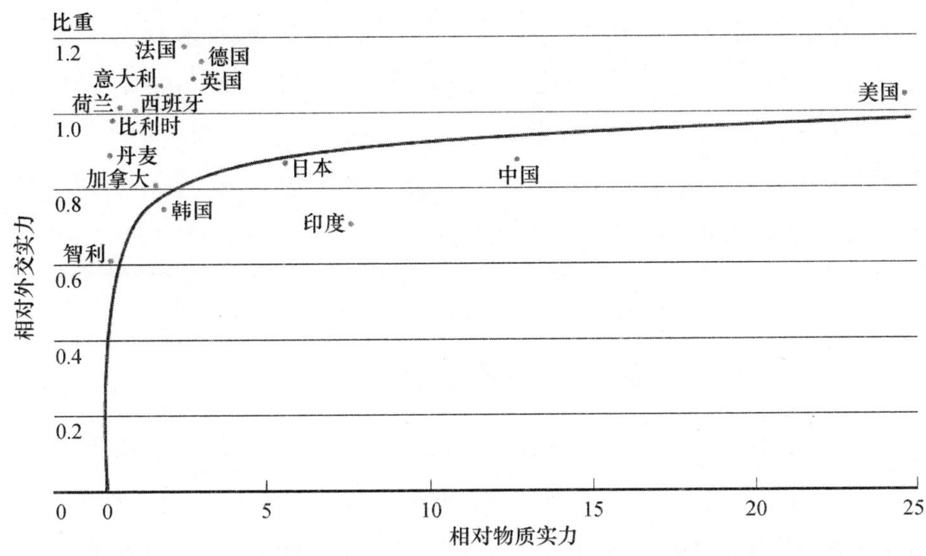

全球各国硬实力、软实力占国家预算比重

相对外交实力（Relative diplomatic power）是一个国家外交实力在全球的比重，主要根据一国签订的国际条约的数量，该国在国外派驻的使领馆数量，及该国所签署或发起的联合国决议的数量来核算。

相对物质实力（Relative material power）是指国家物质实力在全球的比重，主要根据一国的经济总量、人口规模、军事实力和科技实力核算。

"中国、美国、欧盟、日本和俄罗斯都会通过拐点，增速放慢，这就会给国际体系加重压力。"

虽然说中国的全球权力还会不断上升，但增速会放缓。有些学者设计的权力循环模型显示，[①] 一个国家陷入这一状态时会感

① 更多请参阅以下材料：Charles F. Doran，Systems in Crisis，Cambridge University Press，1991 and Jacob L. Heim，"Tapping the Power of Structural Change：Power Cycle Theory：an Instrument in the Toolbox of National Security Decision-Making，" SAIS Review，Vol 24，No 2，113 -27.

到忧虑并表现得更加强硬。从历史情况看，昔日国家权力上升的速度要慢得多。当今中国与印度经济崛起，比当年英国（19 世纪）以及美国与日本（20 世纪）要快得多。[①] 一段时间内，昔日只有一两个国家崛起，最多不过震动一下国际体系，如今在短短时间内，整个国际体系却需要重组。

（二）硬实力的局限日益显现

其实，国家权力转移只是权力扩散的开场锣鼓。重头戏却在于权力的性质起了天大变化。到 2030 年，世界上任何一个国家，包括中美两家在内，都再也无法充当霸主。随着通信技术突飞猛进，权力会扩散到更多层面，至国家和非国家行为体结合而成的众多无形网络中。至于谁当头挂帅，就要看地位、关系网络、外交手段及建设性行为的多少来分高低了。这一网络会捆绑决策者的手脚，参与者众多，会在数不清的地点，给决策者一举一动制造麻烦。

尽管预计到 2030 年全球对民主治理的认同感会更高，但处理一些全球问题反而会更伤脑筋，众多非国家行为体插手其间，七嘴八舌，争论不休，难以达成普遍共识。

比方说，第 45 页上的图左上方的国家，硬实力分量并不算大，可是本事能量却十分了得。今后 20 年，随着这些中等国家的硬软实力的增长，更会施展超出本身硬实力的影响。图中衡量外交分量的因素，包括所签订国际与联合国牵头的条约有多少、外交联系的广度及盟友数量的多少等。其实，即便中美等论实力与外交能量都了不起的大国，没有上述其他国家或非国家行为体帮忙，也会玩不转、走不通。

技术仍将是拉平差距的最大力量。未来的网络巨头，类似当

① 请参见本报告介绍部分的表格。

今谷歌和脸谱，仍将掌握大量即时信息和数据，能力将超过大多数政府。这些网络巨头能靠数据和信息及时摸准人们的想法。私营公司这样的非国家行为体，也能跟国家一样，在大范围内影响人们的一举一动。

随着非国家行为体的权力上升，如何获得合法地位对它们来说将是一场更关键的硬仗。恰似政府受到压力要向紧密联系的公民群体做出交代一样，非国家行为体也必须证明自身存在的价值，显示如何发挥手中能力、替公众办了好事实事。同理，政府只有善良意愿还不够，必须双管齐下，既要管好黑客这样的坏家伙，又要为动机良好的个人开拓一片更广阔的政治天地。

三、大趋势之三：人口统计状况发生巨变

到2030年，世界人口将会接近83亿（以2012年71亿起算）。其中四种趋势会塑造乃至决定多数国家政治经济状况以及国家间关系。这四种趋势是：第一，老龄化遍及西方国家与日益众多的发展中国家；第二，年轻国家基数虽多，但数量却日益下降；第三，移民势头引发跨国纠纷；第四，城镇化既拉动经济增长，又会加剧食物与水资源紧缺。

（一）老龄化来势凶猛

到2030年，全球人口年龄结构从最年轻到寿命更长的国家，几乎所有国家的平均年龄都在迅速上升，唯有撒哈拉以南非洲地区例外。老龄化国家要费大气力才能维持住当前的生活水平，而拥有大量青壮年劳动力的国家则靠“人口红利”而有潜力把经济搞上去，但需给新增加的年轻人提供就业机会。

2030 年，经合组织高收入国家作为一个整体，平均年龄将从 2010 年的 37.9 岁增长到 42.8 岁。2012 年，只有日本和德国进入老龄化社会，即越过平均年龄 45 岁这道坎。到 2030 年，惊人变动即将来临。欧洲和亚洲的大多数国家都进入老龄化社会。这些国家将出现一大批超过 65 岁的老龄化人口，面临前所未见的“养老金领取大膨胀”。与此同时，除非吸纳大批年轻移民或出现可能性甚微的育儿率骤增，这些国家劳动年龄人口会下降，中年工人比例会上升。

人口老龄化国家还将面临 GDP 增长缓慢的困境。必须出台“入能敷出”的财政改革方案，以应对退休养老金和医保基金上出现的巨大缺口，筹措资金，支持贫困退休工人，又要让出钱供养他们的家庭与纳税人维持原有生活水准，只好在养老金与医疗保健制度方面从现收现付调整为共同基金、延后支付。如果试图削减劳动者福利、增加工人缴费数额、延长退休年龄，都将很容易引发政治风波。在压力下，老龄化国家政府在随意开支和提高税负方面将极大收敛。

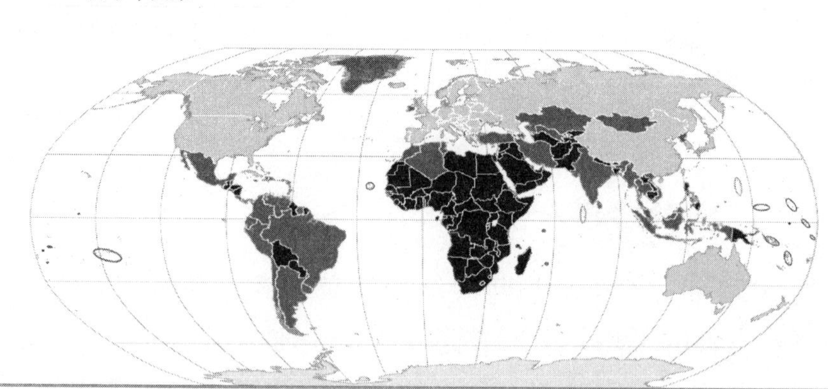

2010—2030 年全球各国年龄中位数

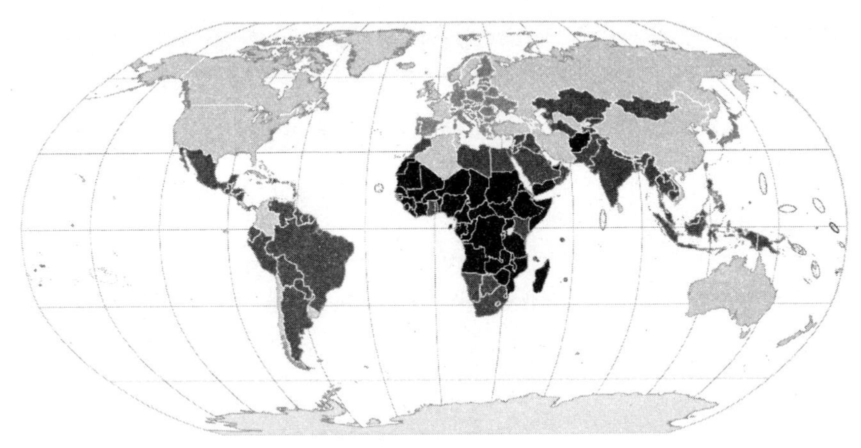

对比图：2010—2030 年全球国别中位数

资料来源：美国人口普查局 2011 年 6 月的国际数据库。海湾阿拉伯国家（巴林、科威特、阿曼、卡塔尔、沙特阿拉伯、阿联酋）的人口中位数仅反映其居民的年龄结构，没有统计临时的劳工移民。

“老龄化国家面临经济下滑与 GDP 增长放缓困境。”

有分析人士认为，老龄化社会将是一个“风险厌恶型”和“财政紧缩型”的社会。这些人认为，欧洲国家以及一部分老龄化加速的东亚国家，或许会判定，他们将无力维持数量可观的军队或扩大海外行动的规模。在一些自然增长率低的西欧国家，来自亚洲和非洲移民数量的快速增长可能会破坏社会原先的凝聚力，带来政治上的保守化。

然而，这些对社会的巨大冲击，目前还只是推测。老龄化的后果究竟有多严重？养老机构完善的国家能否减轻其负面影响，也不得而知。不过，近年来医疗保健进步，改善了老年人生活质量，倒是延长了他们的工作年限。

到 2030 年，人口主要构成在 35—45 岁之间的“中年国家”的数量也将增加，其中东亚国家更多，而目前很多欧洲“中年国家”的人口结构则会更趋向老龄化。对于像现在中国这样的人口结构相对成熟的国家而言，届时，即使在劳动力资源方面下很大工夫，人口红利所带来的优势和机遇的光环也会逐渐褪去。在人

四种年龄结构

日本各年龄段人口的分布反映了四种人口年龄结构

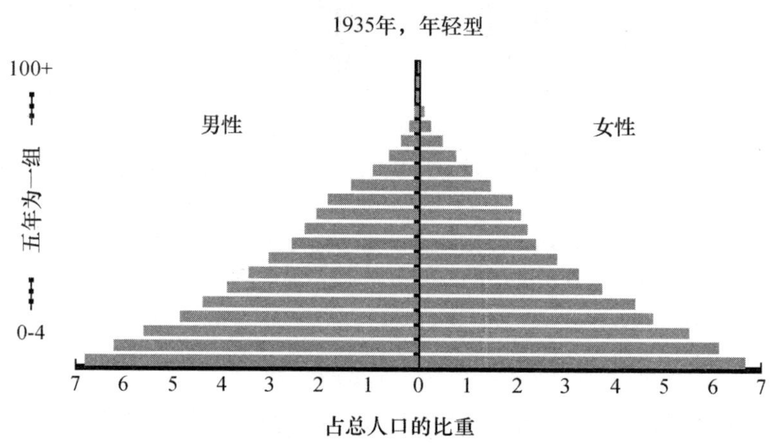

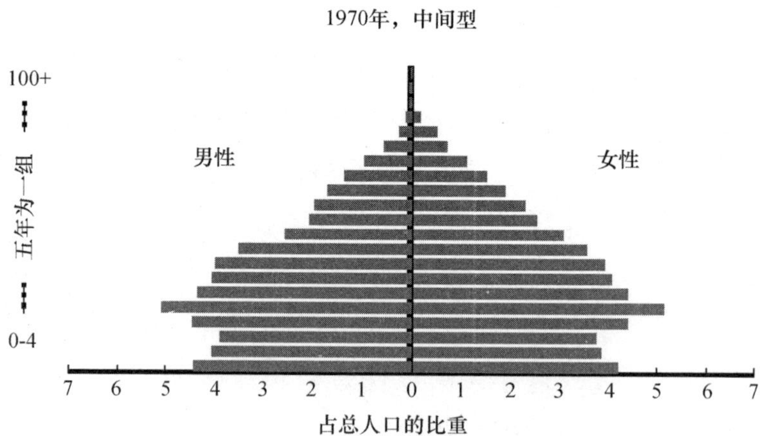

图：人口结构变化图 1935 年和 1970 年

员培训方面下足工夫的国家，享有人口红利的年限会延长。然而，尽管不能说具有人口方面的优势，这些国家中的老年人比例仍然还不算太高。下一步，为长远发展考虑，这些国家政府的关

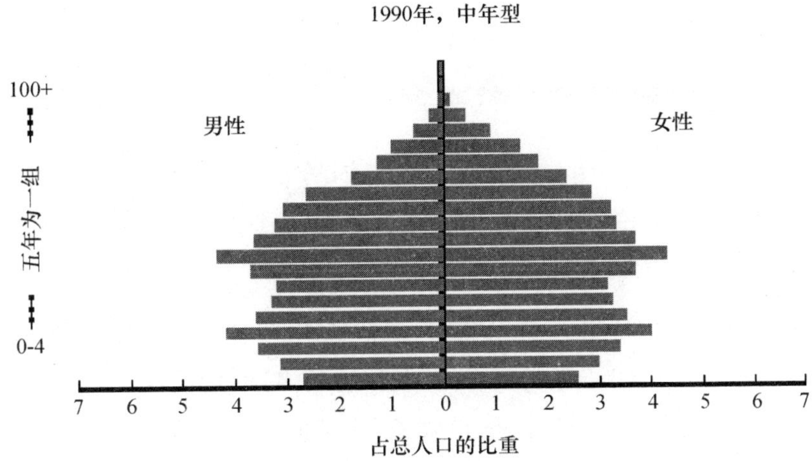

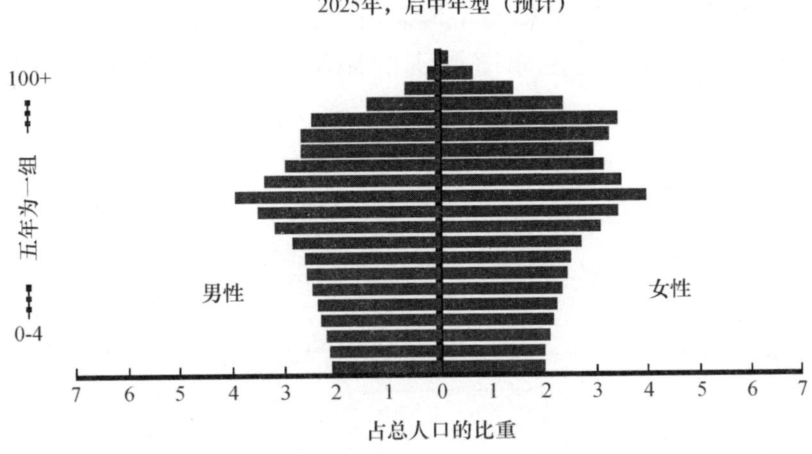

（图：人口结构变化图 1990 年和 2025 年）

注点也将侧重于如何形成更完善的养老金体制和社会医疗保障体制。

美国与俄罗斯的平均年龄与老年人口增速会相对缓慢。在美国，每年有大量移民涌入，育儿率与死亡率几乎持平，这延缓了老龄化步伐。在俄罗斯，酗酒、吸毒以及相关事故引起很多年轻男性早死，只活到 50 多岁，不像其他国家那样能活到 60—70 岁。

（二）年轻国家日渐减少

目前，有80个左右的国家平均年龄在25岁以下。这些国家几乎都有一个共同点——对全球事务构成巨大冲击。从20世纪70年代开始，几乎80%的武装冲突都是由这些国家引起的。这些国家中每年因种族冲突死亡的人数，占正常死亡人数的四分之一甚至更多。这些国家构成一个“人口分布的不稳定弧形地带”，在地图上分布较散，包括中美洲群岛至安第斯山脉中部地区、整个撒哈拉南部非洲地区，以及中东及其延伸线上的亚洲中南部地区。

预计到2030年，这一“不稳定弧”将有所缩减（见本书第48、49页图）。随着育儿率下降，年轻国家将由80个变为50个左右，绝大多数集中在赤道周围的撒哈拉以南非洲地区。其次，分散在中东地区——包括巴勒斯坦的约旦河西岸及加沙，及位于中东南部的约旦和也门。在南北美洲，年轻国家预计只有玻利维亚、危地马拉和海地。综观环太平洋地区，年轻国家减少，将仅剩下东帝汶、巴布亚新几内亚及所罗门群岛三地了。

各国人口机遇期

国家	2010年平均年龄	2030年平均年龄	人口机遇期
巴西	29	35	2000—2030年
印度	26	32	2015—2050年
中国	35	43	1990—2025年
俄罗斯	39	44	1950—2015年
伊朗	26	37	2005—2040年
日本	45	52	1965—1995年
德国	44	49	1950年前—1990年
英国	40	42	1950—1980年
美国	37	39	1970—2015年

美国人口普查局的一项预测显示，南亚仅有阿富汗可能在2030年仍是年轻国家，其近邻巴基斯坦和印度有可能在2030年逐渐步入老龄化社会，掩盖了地区与部族的年轻化这一安全隐忧。今后20年的大部分时期内，在巴基斯坦西部省份及地区，年轻仍然是部族年龄结构的最主要特点。聚居巴基斯坦和阿富汗的普什图族，其妇女平均生育5胎以上。在印度，南部诸邦与大城市的生育率有所下降，在北印中部的北方邦及比哈尔邦，年轻人失业这一乱源跟南印诸邦与大城市比起来也许将消失得缓慢一些。

在土耳其东南部，库尔德族妇女维持在生4胎左右的水平。在以色列，极端正统的犹太族内的少数派妇女要生6胎以上。这些族裔人口猛增显然会搅乱政治秩序，然而，人口数据本身并未提供线索，表明有关各国将如何适应这些人口变动情势仍未可知。

（三）人口迁徙的新时代？[①]

从19世纪末到20世纪初，在第一次全球化进程中，欧洲各国间曾掀起过规模庞大的移民潮，一批又一批欧洲人纷纷离乡背井远赴北美大陆寻找出路。如此盛况可能不会重现，但未来移民速度肯定要比过去25年快。推动这一趋势的因素包括：全球化加速、贫富国间人口结构差异拉大，国家地区间收入悬殊，互联网在各国异军突起。

国家内部人口迁徙将比跨国移民更热闹，背后推手是发展中

---

① 更多内容请参见NIC在2010年9月发布的报告《全球治理2025》（Global Governance 2025：At A Critical Juncture）。该部分内容也参考了“大西洋理事会”工作组在2011年对移民问题的分析，部分数据和对策建议取自于此。

国家城镇化飞速进展。可是，在有的国家，气候与环境变化也是重要因素。“气候移民”靠天吃饭，在以农业为主的非洲和亚洲最常见，原因是那里部分地区的恶劣天气将增多。“干旱移民”和“洪水移民”都在逐年增多。我们在非洲的采访对象表示，由于忍受不了太过干旱的气候，苏丹北部地区居民正想方设法逃离。但在其他地区，洪水频发也让居民被迫抛弃家园。

和国际间移民的原因相类似，若国家内部地区间经济发展不平衡，那么人口的流动也就在所难免。仅在中国，目前就有高达 2.5 亿左右的迁徙人口。因为中国城乡差异较大，居住在农村的民众为了改善生活条件而不断涌向城市，因此这一数字还在不断增加。

（四）劳动力流动全球化

如今，传统国家也好，新兴国家也罢，对熟练工人和非熟练工人的需求量都很大，劳动力流动的全球化增强。目前，以八国集团为主的前十名发达国家吸引了全球移民的近一半。尽管这些国家经济增速减缓，但仍抱怨劳动力紧缺。到 2035 年，德国 15—24 岁青少年劳动力会下降 25%，约 250 万人；日本人口在 2035 年也会减少四分之一，即约减少 300 万青年劳动力。即便在美国，虽说年轻人持续小幅增长，未来 25 年，其占总人口比重也会从眼下的 14% 下降到 12.8%。

各国在年龄结构上的差异以及收入水平的差距致使矛盾不可避免：一方面，一国希望以高速增长的经济作为引进国际年轻人才的动力，但与此同时，经济发展也使国内年轻人能接受更好的教育，开拓眼界、增长见识，此时他们很可能再选择移民至更发达的国家。

刚刚跨进发达国家行列不久的国家能够提供大量就业机会。

随着亚非发展中国家城镇化步伐的加快，未来40年，如居民区、写字楼、机场等城市基建的数量，几乎将媲美人类至今已建造规模的总和，并由此带来大量就业机会。像中国、巴西、土耳其这样经济快速上升而年轻人口下降的国家，有可能会吸引一大批来自更不发达地区的新移民——如撒哈拉南部非洲地区和南亚地区。上述三国都已经面临生育率迅速下降的状况：巴西的年轻人口到2030年将减少500万左右，中国为7500万，土耳其这方面受到的影响较小，仅轻微下降。

理论上，较高的移民率也意味着更高水平的全球发展。世界银行预计，到2025年，若全球移民增加3%，全球人口总收入会增加0.6%，即3680亿美元。新移民从发展中国家来，收入增速会比高收入国家当地人快，其为发展中国家带来经济利益，将胜过排除全部自由贸易障碍带来的经济效益。

不难料想，发达国家精英阶层会日益把移民政策纳入国家发展战略，重点瞄准抢手的高技术人才。一旦经济因老龄化放缓，中国可能留不住人，成为移民输出国，经验丰富的人才会去海外寻找赚钱机会，同时，国内农民工流动也将加速，城市需要更多劳动力来照顾老人，提供社会服务。

随着时间推移，除永久定居外，短期人口流动也将增加。在人口和劳工管理方面，政府可能需要制定更加灵活的政策，劳动力流动快，高技术人才会从一国即时跳槽到另一国。国际劳动市场将不断扩大，一些国际机构将需要建立新的通用技术资格和劳资保障标准，例如出国打工是否仍能享受国内社会福利、社保医保账户如何转移等等。一些中小企业将成为跨国公司，拥有更广泛的国际利益和网络，它们的商业活动将对国家政策产生影响。移民扩大也对市民权利的概念带来挑战，这些短期移民是否与永久居民享受同样的政治权利？他们之间的界限是什么？一些国家可能会利用赋予永久居住者所拥有的权利，如地方选举投票权，吸纳高技术人才。

包括生物识别技术在内的技术发展将增加国家管控人口流动的能力，但通信技术的发展也将使人们更容易获得海外经济机会的信息。互联网和社交媒体能提供更多信息和人脉以便新移民融入当地社会，但这些网络媒体的技术特征使新移民更倾向于与类似国家、种族、宗教背景的人建立联系。但网络技术也使新移民与家乡的亲属、朋友保持联络，拉近两者间的距离。

尽管移民汇入母国和家乡的汇款十分可观，但大批高技术人才单向流入新兴国家和发达国家却对发展中国家构成沉重打击。在撒哈拉以南非洲、中美洲和加勒比地区，30%高端人才外流。除菲律宾以外，尚无移民输出国规划保护出国打工人员，协助他们增添本领，在海外施展抱负。

尼日利亚是一个很好体现“移民因素”影响的国家。该国在人口结构上的优势将使其依靠“人口红利”快速摆脱独立后长期的经济停滞，并在2030年实现人均收入增长三倍。但这将取决于大量年轻的尼日利亚移民是否愿意回国寻求经济发展，并带回其在海外学到的知识和技术。如果政策失败，那么尼日利亚的“人口红利”也可能变为一场灾难，这意味着经济将不会有很好的表现，而发生武装冲突的几率大量上升，刺激更多人流向海外，从而形成一个恶性循环。

在发达国家，移民可提高生育率，改善人口年龄结构。如果当前趋势不变，大部分经合组织国家劳动力都将适度增长，只有捷克、芬兰、匈牙利、日本、波兰和斯洛伐克的移民流入量仍弥补不了低生育率带来的劳动力损失。同时，移居发达国家的穆斯林群体，生育率高，可能招致政治和社会冲突。皮尤基金会预测，到2030年，欧洲穆斯林占总人口的比例将从4.1%上升到8%。在法国、瑞典、奥地利和比利时，穆斯林规模最大，占总人口的9%—10%。

历史经验反复表明，人口流动威力强大。往好处看，值此世界人口激增之际，各国经济与人口差异悬殊，移民有利于协调平衡。往坏处讲，如果移民是由于一国经济的失败或社会的动荡，那么这种移民反过来还会对国家内部和国家之间的冲突火上浇油。数以千万计的移民从穷国涌向发达国家或新兴市场国家，会惨遭残酷剥削，人权蹂躏，移民社会往往又会为走私贩毒等罪行大开方便之门。加之穷富国家间性别年龄差异大，贩卖人口会更猖獗。

与贸易和全球化加强所带来的其他特点不同，移民基本处于国际社会的“三不管”地带，国际社会未制定足够法律和协定对其进行监管。除欧洲大陆的申根国家外，移民政策往往与边境守卫紧密联系在一起，属于国内政策的一部分，以至于在该领域的国际合作尤其是发达国家与发展中国家的合作相对不足。

（五）全球范围的城市化

一场翻天覆地的变化是，当前全球约半数人口住在城市，比1950年的30%多出20个百分点，到2030年，该比例将接近60%。从现在到2030年的这段时期，人口陡增而城市化低的地区，主要是亚洲绝大部分以及撒哈拉以南非洲，城市化速度尤其快。联合国预计，从2011年到2030年，中国城市人口将增加2.76亿，印度则将增加2.18亿，两国将占全球城市人口增长量的37%。另外9个国家约占26%，从2200万增加到7600万，即孟加拉、巴西、民主刚果、印尼、墨西哥、尼日利亚、巴基斯坦、菲律宾和美国。在非洲，城市形成与扩展，利于经济发展。对长远发展起积极作用的因素还有家庭规模缩小、文化水平提高等。城市人口增加，还将提升亚洲和非洲的长远竞争力，增强政局稳定性；不过，如果管理失当，膨胀的城市人口反而会变成致命伤。

2010—2030年世界各国的城市人口比重

- 农村化
- 基本农村化
- 中等
- 基本城市化
- 已城市化

世界各国城市人口比重（2010年为估计值，2030年为预测值），数据来自联合国人口司（2010年）。每个国家都单独界定其城市区域的标准。

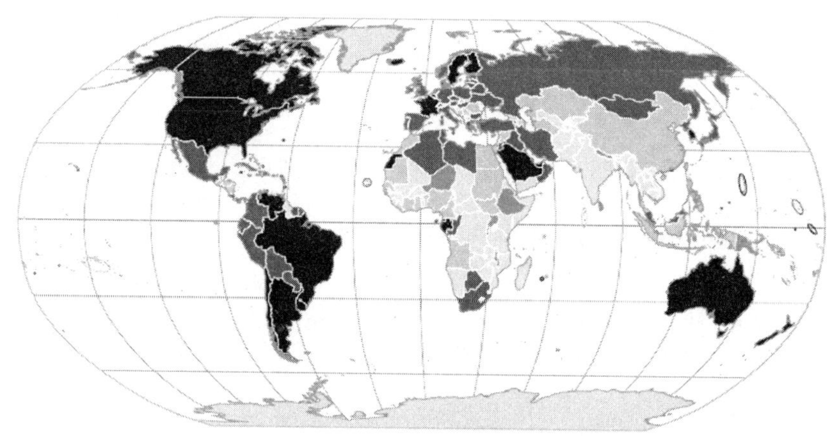

2010 年全球城市化程度

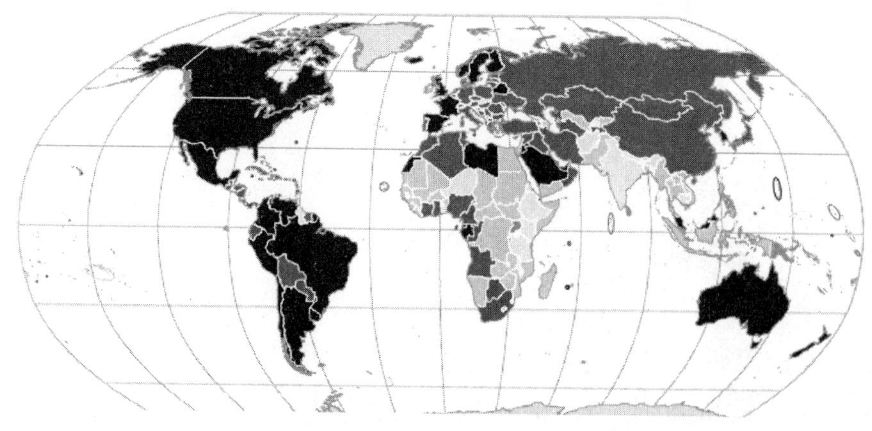

2030 年全球城市化程度

未来20年，全球城市化的方式将与20世纪后期不同，当时城市人口增加的主要是27个人口超千万的大城市。联合国人口学专家预计，尽管大城市的数量将继续增加，但人口涌向大城市的趋势将受到土地资源、环境、交通压力等现实问题制约，而“卫星城”和城郊发展要比中心快，那里土地和住宅价格较低。据此，千万级别的人口大都市的地域将继续扩大，并逐渐按功能分区。到2030年，全球将有超过40个巨型城区，在国内举足轻重。

城市能运用现代化的科技和基础设施，其实，一些特大城市已在着手减轻城市生活的“碳足迹”，敦促市民节能减排。即便如此，随着城市扩展，环境和资源压力仍将不断加重。从历史经验看，城市中心化，常带来当地植被减少、土地养分流失、动植物种群剧变、水源污染等。一些研究表明，距离城市中心100公里的地区也难幸免。此外，城市在暴雨和洪水面前也不堪一击，排水措施很难应对此类突发灾难。

到2030年，由于上述影响，城市周边区的森林、湿地和清洁水源将消耗殆尽，城市与周边农村地区的资源矛盾将日趋激烈，尤其体现在水资源利用和水污染处理上。这些矛盾将触发无休止的法律争端，对政策改革的呼声也将高涨。在中国，这一问题已十分突出。

根据麦肯锡全球研究所的分析，中国城市用电量今后20年会翻番，达到全球用电量的20%，碳排放量随之翻番。印度的用电量目标同样雄心勃勃，按照当前趋势，印度的二氧化碳排放量将持续上升，而到2030年南亚地区的排放量将翻番。对中、印两个大国来说，水资源的缺口同样巨大，根据麦肯锡的分析，届时印度有940亿升饮用水的供应缺口，很难弥补。其他城市基建需求也会攀升，如部分中等城市，污水管道仅覆盖10%—20%的地区，道路拥堵严重。整体来看，道路交通肯定赶不上汽车猛增，堵车将成为长期现象。

城市中心地带将成为国家经济的发动机，带动 80% 的 GDP 增长。但是，亚洲、非洲和拉美的大多数城市治理仍处于“非正式”状态，在商业、劳工、环保和税务上缺乏法律细节，很大一部分人未被纳入政府监管之下。在这些地区，使用水电等公用事业设施很少计量付费。我们期待未来 20 年内能看到这些地区的城市管理部门提升自己管理能力，在推动“非正式”行业的正规化、加强城市收入及设施定价管理、消费及土地使用登记方面有更大的作为。

到 2030 年，城市政治或许将以政府部门与逃税企业家、非正式市场及长期非法占据土地的居民之间的对抗为最主要特征。在一些地方，尤其是在拉美和撒哈拉以南非洲一些国家，地方警察很可能将更加努力拓展自己的力量，以应对那些非法占据土地的居民。然而，为确保这些监督和管理活动的成功，这些地区的政府部门必须做更多事情，既确保警察有足够的执法力量，也同时拓展低收入居民的发言权。未来，上述提到的这种对抗，将极大考验一些城市政府的治理能力。

实际上，亚洲开发银行在一项研究中预测，到 2050 年城市需要更多经费和更好管理，这便要求有长远规划和高瞻远瞩的领导。同时需要将责任进一步分散到地方政府，让它们承担更多责任，在城市资本投资中，市场发挥更大的融资作用。

四、大趋势之四：粮食、水和能源之间关联日甚

粮食、水和能源及气候变化，正日益纠结一起，难解难分，对未来 15—20 年的世界发展将产生深远影响。其中一个重大变

化是，世界人口将由目前的73亿增至2030年的83亿，对资源的需求会显著上升。正如我们前面讨论过的，中产阶级激增，城市人口膨胀，将导致对重要资源（主要是粮食和水）需求的剧增，但是新技术——如高层建筑屋顶“立体农场”既可节省运输成本，又增加了资源供给。可是，粮食和水资源安全却因气候变化无常而更加严峻。

“……中产阶级扩大，城市人口膨胀，将导致对重要资源（尤其是粮食和水）需求的激增，但是短缺并非不可避免。”

我们并非走投无路。但决策者和私营部门需要齐心协力，防患未然。许多国家需要大量外援，方能解困。要避免大祸临头，关键要看能否有效管理重要资源、技术能否缓解短缺，政府能否改进管理机制。目前，仍未建立起有效的国际机制来应对出口管制，这往往加剧了粮食短缺。而缺水国加大粮食进口可以减少种粮对本国水资源的压力。这类涉及人的作用问题，伸缩余地很大，既可大有可为，也会乱上添乱，留待其余章节讨论，本章集中谈资源紧缺。

要抓好一种商品，就不能不考虑其是否会影响到其他产品的供需。农业用水量大，而农用化肥又是高耗能产品。水电就是一项重要能源，耗费粮食较少，而在另一些地区，开发利用新能源，例如生物燃料，却会加剧粮食短缺。此时需要在正面影响和负面冲击之间找到一个平衡，仔细权衡利害。

谈到能源，必须考虑市场环境的变化。政府支持的亚洲资源投资策略，正在改变发展中国家在资源加工和基础设施投资等方面的商业竞争环境。以新兴经济体为主要基地的国家控股企业在对外投资时重点锁定矿产和能源领域。总体看，这类能源投资，在国家控股企业对外直接投资里，占的比例为2/3。亚洲国家很早就出台一揽子政治和经济政策扶持，在双边经贸关系中着重达成石油、天然气和煤等长期能源供给协议。[①]

（一）粮食、水和气候

按当前人均食物和水消费模式和趋势外推法预测，未来几十年情况将更加不妙。到 2030 年，粮食需求将上升 35% 以上，但全球粮食生产率却提高得很缓慢，从 1970—2000 年的 2.0% 降至 1.1%，仍在下滑。过去八年中有七年，世界消耗的粮食比生产的多。[②] 一项重要的国际研究发现，全球年用水量将在 2030 年达到 6900 亿立方米（BCM），超过当前可持续的水供应能力（高出 40% 以上）。目前农业耗水量为 3100 亿立方米，将近全球用水量的 70%。如农业用水效率上不去，耗水量将增至 4500 亿立方米。大约 40% 的人类居住在跨界河流附近流域，这些河流中有超过 200 条由两个以上的国家共享。由于对水资源的需求增大及水资源供应的不稳定，这些国家对水资源将产生高度依赖，并因此变得非常脆弱。长此下去，据经济合作与发展组织估计，到 2030 年，全球近半人口将生活在严重缺水地区。

气候变化 2030：恶劣天气增加

不参考气候变化模型，实证证据表明，全球气候变暖正成为趋势，对生态和人类的影响一再加码。恶劣天气频仍，洪水、干旱、龙卷风、海平面上升、热浪，纷至沓来，未来 20 年，会越发不可收拾。

据 2012 年 3 月政府间气候变化专业委员会（IPCC）发表的

---

① 此分析源自“英国皇家国际事务研究所（Chatham House）” 2012 年 10 月为国家情报委员会所作的专项研究“到 2020、2030 和 2040 年自然资源对国家安全的冲击”。该研究成果即将推出，届时可登陆国家情报委员会查询，www. dni. gov/nic/globaltrends.

② 引自英国研究者亚历克斯·埃文斯就 2020 年全球发展状况所作的未发表论文。

特别报告《管理极端气候事件和灾害风险特别报告》①，恶劣天气频率和为患程度都在上升。到 2030 年，尽管气旋不会增多，但热带风暴却会日益施暴逞凶。同时，人口增长、中心城市和农业规模扩展，越来越多的人口和基础设施，将受到恶劣天气的影响。到 2030 年，不知能否改进灾害管理，有效应对驾驭。

近二十年来，气候突变已导致世界粮食减产。气温升高已不仅出现在高纬度地区，只是北极升得更高些罢了。最近，科学研究表明，生长季节温度异常，加之干旱连年，农业劳动生产率徘徊，又加上贸易保护主义，全球粮食供应紧张，威胁到粮食安全，一些贫困地区叫苦连天。

在尼罗河、底格里斯河与幼发拉底河、尼日尔、亚马孙及湄公河流域，多年大旱，流量显著减少。虽说这些地区天气变化主要是受自身自然规律支配，但连年大旱与大气里温室气体浓度上升是息息相关的。

至于冰雪覆盖区，变化速度更是超过预期，说变就变。根据实测，北极夏季海冰面积与体积减少速度快于任何模型预测，消逝之日可能早于预测的 2030—2050 年。格陵兰岛和南极主要冰架也在变化，出乎 5 年来预测。鉴于冰川融化预测模型欠佳，变化速度仍旧说不清。海平面上升，可能会加快格陵兰冰盖或西南极冰架融化。科学家预计，到本世纪末，格陵兰冰盖或西南极冰架的融化，将导致海平面上升一米，甚至更多，冰川会更快融化，更难应付。即使海平面略微上升，再加上潜在风暴潮和三角洲地区沉降，其将对沿海地区和太平洋小岛国也将产生不利影响。

照目前温室气体这样排放下去，排放量会在本世纪中叶翻番。随着人类对排放量与气候变化间关系了解增多，本世纪中叶，预计气温会上升 2°C。本世纪末，可能会上升 6°C，而不是

---

① 报告的完整题目为：Intergovernmental Panel on Climate Change（IPCC）Special Report on Managing the Risks of Extreme Events and Disasters to Advance Climate Change Adaptation，IPCC，March 2012.

此前预计的 3°C，后果更可怕。至于本世纪气候变化究竟如何，就要看，到 2030 年减排效果如何了。

发展中国家经济增长带动了饮食结构的升级，饮食结构中肉食比率上升。肉类需求的增大将增加粮食市场和水资源压力，喂养牲畜也需要粮食。生产肉类所需的水量远超过灌溉同样数量的谷物或蔬菜。除人口增长之外，城市化快速发展也会加大粮食需求，而增加产粮又需要更多土地和水资源。何况开发生物燃料也会增加农产品需求；在某些特定年份，美国玉米产量的 30%—40% 被用于生产生物燃料。[①]

不过，短期影响农作物供给的，首推天气。风调雨顺，粮食丰收，恶劣的天气或大规模气候变化会导致减产。天气恶劣、干旱，或主要产区作物虫害，会致歉收，推高粮价。

气候变化影响食物和水资源供给，因地而异，但在 2030 年之后几十年，影响会大于 2030 年前。中期，大气里碳分子浓度增加，有助于增加碳肥料，提高农作物产量；但这种好处可能会被恶劣天气抵消。此外，气候变化分析表明，未来降水格局可能改变，湿地更湿，旱区更旱。降水量减少将主要集中在中东和非洲北部，以及中亚西部、欧洲南部、南部非洲和美国西南部。一些地方，如阿尔及利亚和沙特阿拉伯，到 2050 年，降水预计将分别下降 4.9% 和 10.5%，在伊朗和伊拉克，将分别下降 15.6% 和 13.3%。在许多地区，观察年平均气温的变化将具有重要意义。

在安第斯山脉，冰川融水将增加河流流量，在旱季获得更多供水量。许多小冰川未来几年内就会消失，如在玻利维亚、厄瓜

① This was drawn from a NIC conference report, *Global Food Security to 2040*, NICR 2012 - 05, February, 2012. The report is available on the NIC's website.

多尔、秘鲁，反过来也会殃及人类和生态系统。数以亿计的人（中国、印度、巴基斯坦人）将依赖兴都库什和喜马拉雅山脉冰川融水。

粮食供应，靠水靠地，还靠农业新技术。农业占用70%全球淡水资源，牲畜喝水过多，加强水资源管理攸关粮食安全。可是，管紧水，包括上调水价，其政治代价高昂。

目前，世界上最肥沃的土地均已耕种。新添农用地有限，增产以满足全球粮食需求是重中之重。预计未来五年内，2/3 新增的化肥用量在经济高速增长的东南亚。而在穷国，农作物价格低，化肥用量少，土地肥力下滑，危及作物生产可持续性。

我们的模型表明，世界粮价长期下落趋势已经逆转。对消费者，特别是低收入者群体不利。但根据模型，只要全球经济持续增长，食品成本增加不一定会导致儿童营养不良率上升。供求紧张会推高粮价，价格波动，未必就会缺粮，倒是靠玉米来制造生物燃料会加剧价格波动。

农产品供给稳定，可以满足全球粮食安全的需要，确保粮食贸易正常流动，这需要管好粮食供应，提高作物产量，减轻气候变化负面影响。

然而，任何供需问题都会让农产品稳定供应落空。这些问题包括恶劣天气、粮食歉收、水和土壤管理不善、现代农业技术和化肥欠缺。如果上述因素中一个或多个出现，高危场景就会临头，在地缘政治、社会和经济方面产生重大影响。

然而，只要非洲提高农业生产力，便能给提高和稳定世界粮食生产带来机会，并有助于解决区域贫困和粮食安全问题。不过，农业生产率提高谈何容易，这要非洲自身进行重大调整。跟人均产值高的亚洲和南美不同，非洲直到最近才恢复到20 世纪70 年代的产粮水平。许多非洲国家缺乏刺激农业发展的有利环境，包括缺乏足够的农村基础设施和交通，良种和化肥无法从港口运往内陆农民那里。管理也跟不上。要在改善供应链管理方面取得任何微小进展，恐怕都必须在减少浪费和缓解人口膨胀压力方面做出巨大努力。

技术“好”“坏”难卜

技术也许是保障全球粮食安全最难预料的因素。提起好技术，1961—1999年间，耕种方式改良，技术进步，促进粮食增产78%。（详见第148—149页）。

至于“坏”技术，如小麦锈病会长期危害粮食供应。绿色革命曾改变基因血统，消灭了小麦锈病，但1998年再次出现在乌干达，蔓延到肯尼亚和埃塞俄比亚，2007年伊朗、2010年南非也遭灾，预计巴基斯坦和印巴双方旁遮普邦也难幸免。在肯尼亚，小麦减产近四分之一。基因技术减少了基因多样性，小麦锈病反而危害更大。应对方法应是在尽可能确保不减产的情况下重新增加基因多样性。

如果不抓紧投入，急谋对策，气候变化将会导致大幅度减产。[①] 提高水浇地生产率可以节省新增耕地和水资源。农业生产力不提高，将影响粮食安全和水资源安全。

中国和印度的谷物产量面临明显的环境压力，如缺水、土壤贫瘠、气候变化以及城市化造成的大量土地减少等。中印两国都是小麦生产大国，中国是世界第二大玉米生产和消费国，仅次于美国。中国正投入巨资，提高农业科技和生产率。中国和印度一直努力实现到2020年粮食自给自足。然而，到2030年，人口压力和严峻的环境约束会迫使两国增加进口，国际市场粮食价格可

① 信息来源为“英国皇家国际事务研究所（Chatham House）”2012年10月为国家情报委员会所作的专项研究“到2020、2030和2040年自然资源对国家安全的冲击”。

能上涨。[①]

价格上涨会推高普通家庭主食价格。虽然富国也会受到压力，但穷国低收入家庭的食品支出比重大。食品价格上涨会加剧社会对低工资和治理不善的不满。

中国、印度、巴基斯坦和澳大利亚等国的小麦主产区都将面临水资源紧张、病虫害、气候变化频繁的影响，小麦价格很可能窜升。

总体来看，易受食品价格飞涨冲击的是那些依赖进口的穷国，如孟加拉国、埃及、吉布提和苏丹。它们防止食品价格上涨的主要办法是保持乃至扩大现有基本食品补贴。但这类政策也有弊端，政府要面对预算约束，要为增加补贴而削减其他项目资金。此外，依赖进口的穷国无钱在国外投资农业，从海外搞到粮食。

大型新兴市场如中国、印度、俄罗斯，食品价格也可能上涨，但社会严重动荡可能性较小。大的粮食生产国，如俄罗斯和中国，将能通过限制粮食出口，更好减少国际粮价上涨带来的冲击，但这些政策将加剧国际粮价上涨和全球粮食短缺。除了出口限制措施，这些国家有更强大的经济实力，提供并维持补贴、控制国内价格和使用货币政策工具来控制通胀，其政策效果比发达国家更明显。中国、沙特阿拉伯、阿联酋等已开始在海外屯田。随着食品价格上涨，紧缺加剧，它们可能继续这么干下去。

（二）更为光明的能源前景

专家们确定，今后15—20年，能源需求将暴增（增幅约

---

① 信息来源为“英国皇家国际事务研究所（Chatham House）”2012年10月为国家情报委员会所作的专项研究“到2020、2030和2040年自然资源对国家安全的冲击”。

50%），其中主要将来自发展中国家。美国能源信息署预计，到2035年，由于欧佩克产量和非常规能源产量增长，世界能源产量将节节攀升。国际能源局也预计，主要化石燃料也将增产（石油年增1%左右）。

能源的增产部分大都来自北美非常规石油和天然气开采。广泛运用水平钻井和水力压裂法两项新技术，是这股能源潮的重要推动力。生产商将页岩称为“烃源岩”，数百万年来，石油和天然气渗透进岩层，但苦于缺乏廉价技术手段获取，只能开采传统能源。而今新技术问世，页岩气和页岩油的商业开采成为现实。

这项技术革命的经济乃至政治影响早已非常明显，但透彻理解这些影响却要花些时间。未来10—20年时间内，美国仍难实现能源独立。石油产量增长和页岩气革命将帮助美国圆梦。2007—2011年间，美国的页岩气产业年均增幅近50%，推动天然气价格下跌。在未来几十年内，天然气产量将能满足内需，甚至可能会对外出口。已有公司着手研发“超级水力压裂法”技术，有望显著提高开采率。

美国页岩油开采仍处于初级阶段，虽说前景难卜，但开发速度比页岩气快。初步估计，至2020年，产量将达到每天5—15万桶，生产盈亏平衡价格将降至每桶44—68美元，视油井不同而定。2020年，美国有望成为主要能源出口国。

开采北美等地的非常规油气资源，最大障碍是对环境的隐患吃不准，工程施工和固井技术不过关、废水处理以及其他地面风险，会不会触发事故。页岩资源产区及其周边的地震一般活动强烈，这已引起民众关注，担心会导致油井裂缝，影响施工，同时加大甲烷进入饮用水的风险。不过，许多环境问题可以通过现有污水管理方法和技术得到缓解。美国一些州的实践表明，加强环境监管，可以发现漏洞，保障公共安全。然而，只要勘探过程中爆发重大事故，就会闹得满城风雨，一些重点产区的此类开采方法只好下马。

能源价格下跌显然会对美国经济产生传递效应。美国能源价格下跌激发企业投资美国或回流美国。初步估计，能源领域若取得进展，美国 GDP 到 2030 年就会增加 1.7%—2.2%，创造 240—300 万个工作岗位。美国原油增产，美国贸易赤字将大减。从加拿大、墨西哥、沙特、拉美和西非的石油进口将减少甚至停止，迫使这些产油国寻找新的出口市场。美国产能剧增可能加剧全球产能过剩，规模超过日产 800 万桶，届时欧佩克雄风不再，油价可能大跌。靠高油价来平衡预算的产油国惨遭重创。

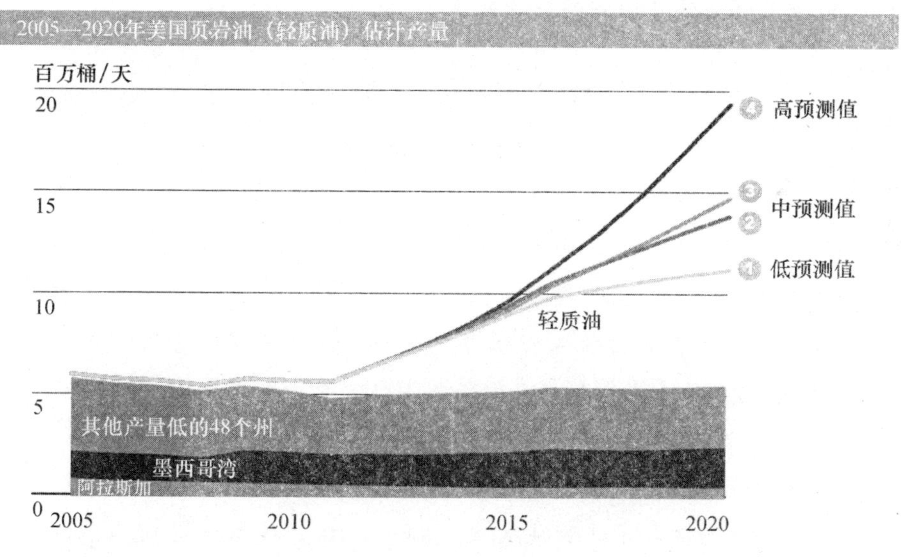

资料来源：HPDI 公司；美国能源信息局；美国国家情报委员会研究组。

除美国外，其他国家和地区也蕴含丰富的页岩资源。根据国土资源部的初步研究，中国拥有世界最大的非传统天然气储藏量，是美国预计储量的两倍。但中国缺乏设备、经验，以及提取页岩油气资源不可或缺的东西——水，这会影响中国对这块宝藏的开发和利用。

欧洲领导人在页岩气开采的地理条件、政治代价、公众接受度及赢利前景等条件上持更加谨慎的态度。跟美国开采授权过程不同，欧洲国家审批手续更加严格。波兰视开采页岩油气为实现能源多样化的重要途径，可摆脱对俄罗斯的依赖，已颁发勘探许可证，而法国因担心污染和破坏环境而明令禁止使用水力压裂法。

水力压裂法

水力压裂法，或称压裂法，是从页岩层提取油气的新技术。这项技术将增加油气产量，降低能源成本，减轻对煤炭的依赖。5 年来，此开采办法和水平钻井技术双管齐下，改善了美国和其他拥有页岩油气国家的能源处境。

水力压裂法商业化开发并赢利，始于 20 世纪 40 年代中后期。自那时起，水力压裂法已使用超过 200 多万次。该法是将流体（通常是水）、混合物剂（通常是砂）以及其他大约 12 种用来控制物理特性（如黏度、pH 值、表面张力和防垢）的化学添加剂等一起用高压泵注入页岩层中。压力在岩层中扩散，导致岩层断裂，在岩层中形成许多气孔，页岩气便从这些气孔中流出。这项技术已经从初期的一口井中使用 750 加仑的液体和 400 磅的沙子，发展到现在的使用 100 万加仑的液体和 500 万磅的沙子。最新的压裂作业使用电脑进行模拟、帮助设计模型、微震裂成像及安装监测岩石破裂的倾斜传感器。为使水力压裂法达到最高效率，这项技术往往和水平钻井技术一起使用，水平钻井技术在 20 世纪 80 年代成为开挖油井、气井的标准技术。

压裂和水平钻井技术，为石油和天然气公司开辟了新路，非传统油气在美国能源产量中比重窜升。近 5 年来，随着天然气增产及其价格的下跌，耗煤量下降，从而减少了二氧化碳的排放。

阻扰这项技术发挥最大效率的，主要是公众担心环境和水源受到污染、引发地震、甲烷泄漏等负面影响。监管机构对环境的担心重点是，开采点前期准备、开钻油井、油井竣工与投产期间对地表地下水源的污染，以及工地水源分界线内全体用户的用水安全。

当前研究重点是开发更好的方式，去应对对水资源的巨大需求，通过使用废水、矿物水、其他液体或压缩空气（如压缩二氧化碳），减少压裂技术对水资源的消耗。废水管理技术能够减少水污染，循环利用水资源，注入深井。存放废水，是首要处理方法，但往往涉及是否会诱发井区地震。

挥发性的甲烷是一种温室气体，是另一种需要关注的环境污染源。虽然天然气燃烧产生的二氧化碳比煤或石油要少，可如果考虑到在开采天然气过程中排放的甲烷，这种优势就所剩无几。当甲烷排放量低于1%时，使用天然气的优势是明显的，但如果甲烷排放量较大（达到7%—8%时），天然气就会失去相对于煤的优势。

可再生能源未受青睐

天然气是煤的重要替代品，具有储量丰富，价格便宜，碳排放量低等优势，但倚重天然气会减少对水电、风能、太阳能等能源的投入。在国际能源署进行的对能源使用前景予以预测的多种前景中，这些新能源产品在能源版图中只占到一小部分。其中有关“基础前景”的预测显示，在2007—2050年期间，可再生能源的份额将仅增加4%。水电在可再生能源中占大头，风能和太阳能在2050年的比重分别为5%和2%，在2030年时还达不到这个数。而在国际能源署设定的“蓝色”级别的前景预测（根据各种减排目标而设定的不同前景）中，2050年太阳能和风能所占比例将有所提高。其中太阳能所占比例在12%—25%之间，风能将占12%至22%之间，具体比例的多少将取决于到底要实现何种减排目标。在2030年，这一比例肯定会比在2050年更小。根据国际能源署的推算，要达到12%—25%的目标，就必须在可再生能源方面投资更多。

第二章　改变全局的因素

单单上述四大趋势卷起的狂澜，到 2030 年，就足以改天换地，催生一个崭新世界了。何况下述扭转乾坤的六大因素还会发展演变、相互交织。它们再跟四大趋势碰撞，彼此影响，2030 年人类生活其间的新世界面貌如何，也就大体有数了。本章将深入探讨六大因素及其潜在影响：

· **危机频仍的全球经济**。利益各异的玩家，盘算不同，世界情势又瞬息千变，是酿成全球经济大崩溃？还是多元增长中心共同发展增添全球经济秩序的活力呢？

· **治理能力的差距**。各国政府与众多国际机构能否迅速及时地应付突变，还是惊惶失措，束手无策？

· **更多潜在的冲突**。力量兴衰，顷刻生变，会触发国内国际更多冲突吗？

· **动荡地区的蔓延**。地区动荡，中东南亚为最，会殃及全球吗？

· **新技术的冲击**。技术能否及时突破，提高劳动生产率，解决资源紧张、气候变化、慢性病、老龄化和快速城市化等难题？

· **美国的角色**。多元世界里，美国能与新伙伴一起，重塑国际体系，扮演新角色吗？

一、改变全局的因素之一：危机频仍的全球经济

至少未来十年左右，不同地区和国家经济体以不同速度发展，这一国际经济特点很可能延续下去（2008 年的金融危机强化了这一态势）。虽然增速长期趋同，如中国经济开始放缓，但新兴经济体与主要发达经济体之间的增速差异短期仍可能拉大（至少未来十年可能如此）。不同地区经济体之间的发展速度差异，加剧了全球不平衡（这也是2008 年危机的原因之一），也引发了各国政府和国际体系的变动。关键是这种分歧与日益凸显的经济动荡，是否会带来全球经济的衰退和崩溃，还是多个增长中心共同发展，带动日见惹眼的全球经济的复苏呢？主要发达经济体和发展中经济体之间，如无政策协调，很可能引发政治、经济危机。

“2008 年金融危机及其长期‘后遗症’加大了爆发更广泛危机的可能性，这可能削弱众多西方国家的社会、政治基础，引发长期动荡。”

发达国家和发展中国家都面临恢复全球经济“常态”或稳定的巨大挑战。对西方而言，2008 年金融危机以来，去杠杆化（偿债）导致经济减速或停滞，如何确保不引发长期萧条，防范金融危机再次爆发成为最大难题。对很多欧洲国家和日本而言，挑战还涉及在人口迅速老龄化之际，如何找到维持增长的途径。对新兴国家，如中国、印度而言，主要挑战是维持经济发展，而不陷入“中等收入陷阱”（经济徘徊不前，人均收入长期追不上发达经济体）。为摆脱这一窘境，新兴大国需要考虑掀起广泛的政治、社会机制改革。最后，世界经济走向多极

化将伴随着风险，西方控制力减弱，而新兴大国则专注于本身发展。利益各异博弈者再不通力合作，这一体系的国际治理也将步履蹒跚。

（一）西方世界的困境

2008 年金融危机及其长期“后遗症”加大了爆发更广泛危机的可能性，这可能削弱众多西方国家的社会、政治基础，引发长期动荡。历史经验表明，衰退一旦发展到金融危机，便会更加深重，复苏周期也将延长一倍。[①]

麦肯锡全球研究所最近对债务与去杠杆化的研究表明，金融危机爆发之初，“主要西方经济体刚刚开始去杠杆化。”美国、澳大利亚和韩国的总债务占 GDP 比重下降，其他西方主要经济体总债务反而加重了。以往多次去杠杆化总要拖上近十个年头。该报告推断这次还可能会拖下去。“没有一个国家具备恢复增长的条件。”[②] 主要西方国家需要承受经济低迷的后果，这一过程可能会拖十多年。

① Mark Carney, “Growth in the Age of Deleveraging” speech to the Empire Club of Canada/Canadian Club of Toronto, 12 December 2011, available on Bank for International Settlements (BIS) website (www. bis. org); C. M. Reinhart and V. R. Reinhart, “After the Fall”, Macroeconomic Challenges: The Decade Ahead, Federal Reserve Bank of Kansas City 2010, Economic Policy Symposium.

② See “Debt and Deleveraging: Uneven Progress on the Path to Growth,” *McKinsey Quarterly*, January 2012.

危机频仍的全球经济			
类型	现状	趋势	对全球经济的影响
发达经济体	2008年金融危机及其长期“后遗症”，加大了爆发更广泛危机的可能性，这将削弱众多西方国家的社会、政治基础，引发动荡。	为弥补劳动力增长缓慢的不足，西方国家需要靠提高生产率来发展经济。由于外部竞争，特别是低技能劳工的竞争，即便本国劳动力增长缓慢，仍做不到充分就业。全球劳动力缺口可能需要从发展中国家引进10亿劳动力才能弥补。 在欧洲，经济和财政问题与攸关欧盟未来的决定紧密相关，由于牵涉许多人和诸多政治考量，解决起来更加棘手。	美国和其他西方国家分量减轻，多极化又日益凸显，全球经济更脆弱了。如无霸权国以及稳健的全球治理机制，多极化的环境将处于无人负责状态。主要经济体会只专注国内事务，而不考虑这样做对其他国家的影响。
新兴大国	未来数十年，相对而言，不仅大的新兴国家，如中国、印度和巴西能获得经济利益，哥伦比亚、墨西哥、印度尼西亚、韩国、土耳其或许还有尼日利亚，也会表现不俗。	为避免陷入“中等收入陷阱”，中国需要向内需驱动型、知识密集型经济转变，这将涉及艰难的政治和社会改革。印度在快速增长的同时，也将面临类似问题和陷阱，但是印度却得益于民主体制充当安全阀，以及一个更加年轻的人口红利。中国和印度都易受主要资源价格动荡的影响。	全球经济的健康，将与发展中国家的表现日益相关，它们在这方面超过了传统西方国家。新兴国家在政治、经济领域承担更多全球责任，对确保全球经济前景稳定，将至关重要。

未来利率升高、社会福利支出增加时，利息支出也将急剧膨胀，很可能导致累积债务更难偿还。众多专家相信，为实现长期增长并保持金融稳定，必须下定决心遏制当前和未来政府债务急增之势，减轻其副作用。

“长达十多年的低增长带来的恶果，要由大多数主要西方国家来承受。”

这一暗淡的经济前景源自老龄化这一关键结构性挑战，对欧洲和日本影响更大，对美国也不算轻。

昔日金融和经济危机，如20世纪30年代的大萧条爆发时，各国人口的年轻化，为战后经济繁荣提供了人口红利。然而，今后任何经济复苏再无此等好事。为弥补劳动力大减，德国、日本等国预期的经济增长，不得不依靠提高生产率。尽管面临“婴儿潮”一代退休，美国的日子相对好过些，到2030年，劳动年龄人口预计将增长8%。

具有讽刺意味的是，即便面临衰退或劳动力增长缓慢等阻碍经济增长的因素，富裕而又老龄化的国家仍难实现充分就业，问题出在外来竞争，特别是非熟练工人的竞争。西方国家将继续面对全球劳动力竞争这一始于20世纪80年代的趋势。牛津经济研究所最近的研究估计，未来数十年，可能还需要发展中国家十亿劳动力来填补全球缺口。

劳动力研究表明，全球化和技术的双重影响，导致一种双层劳动力市场，而非熟练工人与熟练工人，又对中低层劳动力造成两头挤压。依照过去的经验和经济理论，全球劳动力供应增加，将影响非熟练工人收入，迫使他们接受低工资，要么丢饭碗。机器人和其他新兴先进制造技术在中短期也将挤掉许多工作岗位。

较发达的新兴市场国家，如中国，面对工资节节上涨，除非转向高价值链、培训高级技工，否则也将面临其他国家非熟练工、半熟练工的竞争。如果中国等国家抓紧技工培训，又将跟发达国家的高工资技工竞争，挤压一度无忧无虑的高技能行业。不过，要想在平等条件下跟对手见高低，发展中国家不得不快速提高劳动生产率，很多情况下，这意味着压缩非熟练工队伍，大抓技术培训，推进自动化。[①]

① Bruce Jones' paper, “Labor and the Third Industrial Revolution: The Employment Challenge,” 30 August 2011.

“牛津经济研究所最近的研究估计，未来数十年，可能还需要来自发展中国家的十亿劳动力来填补全球劳动力缺口。”

现在，高福利制度减轻了失业工人受到的冲击，特别是在欧洲。然而，欧美的低经济增长率、日益加重的养老金负担，以及债务危机，已给原本吃紧的预算增添压力。债台高筑，又限制了借债能力。除非大幅度提高经济增长率和劳动生产率，否则，这些国家将无法维持大把花钱的福利体系，而减少借债，又会冒意料之外的政治风险，从而使结构性经济改革更加复杂，更耗时费力。另方面，如无法砍预算，则政府可能冒中长期国债利息突增的风险。

欧洲的情况十分特殊：经济和财政问题与事关欧盟前途的政治决策难解难分，欧盟可能要对财政金融拥有更大的管理权限。欧盟领导人试图避免欧元区解体，但当前的措施却引发了危机气氛，导致欧元在全球市场上的走势捉摸不定。长远来看，当前的危机管理模式不可持续。可能的解决方案，如“多速欧洲”，又将招来一大堆新问题，即欧洲能不能一致采取政治行动。虽然有人预测“欧洲正大步迈向经济货币联盟宿愿的大道上……迎来更大辉煌”，但大部分时间里，各国的争吵与市场动荡，仍将挥之不去。

跟大多数西方国家比起来，日本面临的“高龄少子”压力更大，社会陷入怪圈，长远增长潜力遭受重创。财政状况沉疴久陷，“高龄少子”添忧（到2025年，大概每两名劳动年龄人口中就有一个老年人），政府稳定财政余地不多。国际货币基金组织建议采取不得人心的“重拳出击，调整政策”，以便把“公共财政扭回到可持续的轨道上”。如果不冒“短期经济下跌”的风险，稳住债务的宏图就要落空，经济复苏也就无从谈起。[①]

从人口角度来看，在所有主要发达国家（及部分发展中国家，如中国）中，美国最占优势，新生婴儿刚够递补退休老人。然而，美国福利项目的支出负担（社会保障和老年医疗保健）将加重，卫生保健支出一增再增。经济学家还担心，“婴儿潮”一代退休在即，美国将丧失文化水平高、技能经验丰富的骨干队伍，而基础教育每况愈下，年轻劳动力准备不足，无力面对全球竞争环境。此外，大多数经济学家认为，美国需要“大刀阔斧，重组经济架构”，再现当年“经济繁荣，就业不愁”的盛况。[②]

（二）新兴国家的关键时刻

大多数新兴经济体都顺利挺过2008年金融危机。未来十年，相形之下，不仅中国、印度和巴西经济发展很快，其他一些正在抬头的地区“选手”，如哥伦比亚、印度尼西亚、尼日利亚、南非、韩国、墨西哥和土耳其，也将跟上来。然而，发展中国家也有难题，特别是如何保住高速增长势头。

发展中国家干得怎样，与全球经济好坏息息相关，与传统西方国家相比，更是如此。全球经济增长超过50%靠发展中国家，全球投资的40%也依靠它们，对全球投资增长的贡献超过70%。中国的贡献是美国的1.5倍。尽管中国经济增速在放缓，在世界

---

① See *Japan: Population Again and the Fiscal Challenge*, IMF, (co-authored by Martin Muhleisen and Hamid Faruqee) Finance and Development, Volume 38, Number 1, March 2001.

② This analysis is from NIC-commissioned workshops and a report from McKinsey & Co, Global Economic Scenarios (December, 2010); C. Fred Bergsten, *The United States in the World Economy*, Peterson Institute for International Economics, August 12, 2011.

银行关于未来经济多极化的线性模型中，到 2025 年，全球增长的三分之一仍将靠中国做出的贡献，其分量远超过其他任何国家。其实，世界经济将不再依赖美国消费者，而要靠新兴国家增加投资。

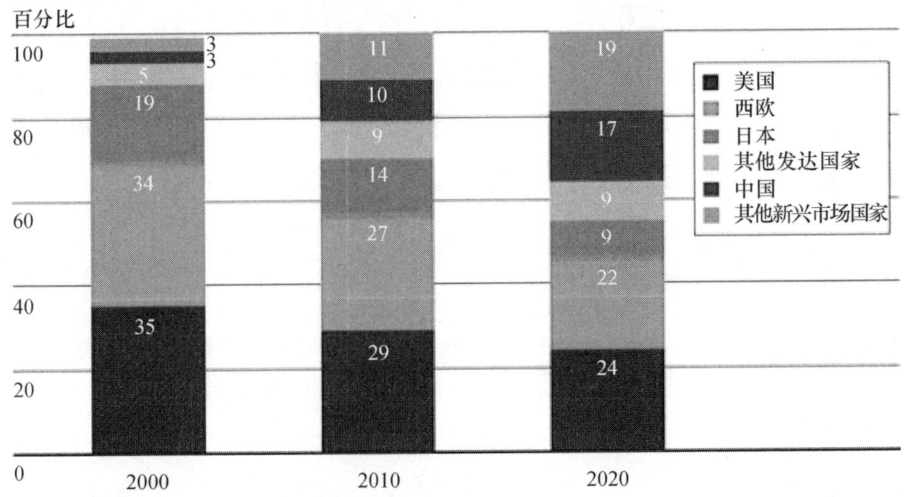

新兴市场国家在世界金融资产中的份额（2000—2020 年）到 2020 年，新兴市场国家在世界金融资产中的份额几乎可以翻番

资料来源：麦肯锡全球研究所：《新的融资缺口：新的投资者景观中的增长与稳定（2011）》

“全球经济 2000—2020 年的好坏与发展中国家干得如何息息相关，与传统西方国家相比，更是如此。”

尽管中国前景光明，有望成为世界经济增长火车头，但要实现这一目标，仍面临一些巨大障碍。中国人口将迅速老龄化。目前，8% 的人口达到或超过 65 岁，2030 年该数值将超过 16%。同时，人口中正常工作年龄段（15—65 岁）的比例，也将由目前 72% 的最高值下降到 2030 年的 68%。

除工作年龄段人口下降，中国还面临青年短缺问题。[①] 15—29 岁年龄段的人口比重目前仅仅是 30% 出头，到 2030 年，将下降到大约 21% 。近两年，中国的大学入学人数已经出现了下降[②]。劳动力市场紧缩提前到来，将加剧日益突出的劳动力市场动荡。

过去三十年，中国实现了 10% 的平均增长速度，按照部分民间部门预测，到 2020 年，经济增长率将只有 5% 。这一数字大约是美国平均增速的两倍，仍可以确保在未来十年或二十年内，在经济总量上超过美国。然而，增长放慢，人均收入增长也会放缓。到 2020 年，按名义价值计算，中国的人均收入将达到 17000 美元，巴西和俄罗斯将分别超过 23000 美元和 27000 美元。而 2020 年七国集团经济体的人均收入将达到 64000 美元，是中国的三倍多。

中国面临"中等收入陷阱"的风险。20 世纪 80 年代，很多拉美国家碰到过类似情况，收入悬殊，又无力调整经济结构，它们因而未能幸免。考虑到中国经济有可能放缓，中国领导人试图向消费驱动型经济转型，并推动中国走向高附加值的工业生产链。中国将科技进步作为新的经济增长引擎，目前中国已经在纳米技术、干细胞、材料研究和现有技术新应用方面取得了一定进步。

"与之相比，印度仍将是一个相对年轻的国家，将继续从人口红利中获益。"

然而，为实现目标，中国还需确立公平合理的土地权利来发展农业，建立更加市场化，而非仅对国有企业有利的银行业。另一个问题是，没有社会保障网络，转向消费驱动型经济就是空

---

① 中国到 2030 年时的青年短缺状况并不是最严重的，可能只在世界排名第 40 位左右。届时，问题最为严重的香港和日本的 15—29 岁青年占总人口比例将仅为 15% ；紧随其后的是卡塔尔、韩国、马耳他、德国、波斯尼亚及奥地利（均不足 17% ）。

② The Next China", *The Economist*, July 31, 2010; pp. 48 – 50.

谈。近20年，对外开放为中国带来了资金和技术，国内工业才能追赶西方同行。未来20年，中国企业需要走出国门，获取新一代技术、管理经验和创新理念。为此，理所当然需要对他国进行直接投资，这是中国向高级产业链迈进的唯一途径。

对中国而言，经济转型难，政治转型同样难。人均收入增长放缓，更难满足步步增高的预期，可能触发不满，而政治危机将使经济目标落空。政治经济危机久拖不决，中国可能再次关上国门，将国内问题归咎于外部影响。尽管中国领导人和大多数中产阶级因30年来的成就而热衷于全球化，然而，跟其他地方的历史情况一样，一旦经济停滞不前，反全球化将再次汇成一股强大的政治势力。

世界银行评估认为，到2025年，印度将与中国一样，成为“新兴经济增长极”，这将有助于加强全球经济。未来15—20年，印度预期的繁荣和对全球增长的贡献，将超过美国之外任何单个发达经济体。世界银行的模型系统显示，到2025年，中印两国对全球经济增长的拉动力，将接近美国和欧元区之和的两倍。[①]

可是，印度在经济迅速增长的同时，也面临很多与中国相似的问题和陷阱：城乡以及社会内部，相距悬殊；资源瓶颈日益凸显，如食物和水；为推动经济发展，需要更大规模的科技投资。印度的民主制度为社会不满情绪提供了安全阀，而中国一党领导，却不具备这一条件。同时，印度与众多邻国之间存在地区紧张，一旦爆发冲突和对抗，印度的崛起将受到威胁。跟中国一样，政治军事危机突发引起的经济滑坡，将迅速产生广泛的地区和全球效应。

与中国相比，印度仍将是相对年轻的国家，继续从人口红利

---

① See *Global Development Horizons 2011*：*Multipolarity*：*The New Global Economy*, The World Bank 2011.

中获益。印度人口中，15—65 岁年龄段的人口比重，或许将从现在的约 65% 上升到 2030 年的 69%。出生率下降及老龄人口增加等问题，在 2050 年之前不会对印度造成经济负担。因此，长期预测显示，印度经济的稳定增长将贯穿 21 世纪。同时，中国年龄结构不再年轻，印度在 21 世纪末将超越中国。然而，为充分发挥年轻人比重大这一优势，印度必须抓好教育，包括识字率和低年级学生的教育质量，根本上改进治理状况，特别是要根除腐败，并进行大规模基础设施建设，以跟上城市化的迅速步伐，满足更发达经济的需求。

中国和印度易受到的影响，既有重要资源价格波动，也有潜在的气候变化。亚洲开发银行 2011 年的一份报告[①]指出，依照当前趋势，2050 年亚洲对进口石油的依存度将达到 90%。迅速城市化也加剧了亚洲国家的脆弱性。亚洲每年约有 4400 万人成为城市人口，到 2025 年，亚洲人口的主体将是城市人口。

跟东京、首尔和新加坡不同，中印很多城市的人口密度正在下降，造成了城市扩张现象，刺激了汽车拥有量，能源消费更高，需要加大对公共设施和交通网的投资。食物和水的需求也随着城市化而剧增。亚洲城市在面对与气候变化相关的恶劣天气时非常脆弱，如风暴潮和低洼地区的洪水，在很多沿海城市特别明显，如加尔各答、孟买、达卡、广州、胡志明市、上海、马尼拉、曼谷、仰光和海防港。

鉴于这种趋势，新兴市场对基础设施、住房、房地产、制造工厂和设备的需求，将使全球投资达到过去 40 年所未有的水平。新兴市场国家的增长率、储蓄率较高，将成为全球金融资本最重要来源，未来十年左右，其在世界金融资产中的份额几乎可以翻番。然而，新兴市场国家的储蓄或许不能满足日益增长的投资需

① See *Asia 2050*：*Realizing the Asian Century*，Asian Development Bank，2011.

求。麦肯锡公司评估认为，潜在资本供应与需求之间的缺口，到2030年将达到8000亿到24000亿美元之间。这一缺口将刺激长期利率上升，在没有充足储蓄的地区特别明显。这一长期趋势将不利于世界范围内的投资。

（三）全球经济多极化先天不足?

部分专家对即将到来的美国经济份额下降与19世纪末做了对比，当时的世界经济正经历由英国单极主导向多极化的演变。两者其他相似之处还包括全球化加速、科技快速发展，以及大国间的地缘政治竞争日趋激烈。19世纪末，是增长率大起大落与实体经济大动荡并存的时期。主导国家英国在19世纪的平均增长率并不高，竞争者美国的增长率虽高，却有升有降。跟现在相似，知识产权纠纷频繁，但没有一个国家能在国外强制解决纠纷。当前一个新出现的复杂问题，是对市场自由化与国家作用的看法有争论，这场争论可能会拖而不决。

其他专家强调，世界经济体系将面临日益增长的压力。目前为止，不到十亿人消耗了全球四分之三的资源；未来二十年，由于发展中国家不断新生中产阶级，将增加二十亿消费者。这一激增会加剧对原材料和工业制成品的争夺。面对更大的产品需求，经济学家担心，瓶颈的数量将陡增，而资源和商品的供应至少将会出现临时性紧张。商业周期持续时间可能会大大缩短。对资源的竞争或将促使政府更深卷入资源问题，与其他国家争夺同一资源，进而引发关系紧张。

“目前为止，不到10亿人消耗了全球四分之三资源；未来二十年，由于发展中国家不断新生中产阶级，将增加20亿消费者。这一激增将加剧原材料和工业制成品的争夺。”

为避免紧张升级，防止重商主义和贸易保护主义影响全球经济，需要有效的全球治理。在多极化世界，危险会更大。主要表现为：国家内部资本主义发展形式分歧多，如何治理国际体系也看法各异。重要国家（如中国）的任何经济大滑坡都可能引发政治动荡，使经济复苏更棘手，其他国家想救助也无从下手。

利率将因原料供求紧张而上升。随着发展中国家新兴中产阶级消费更多，发达国家老龄人口减少储蓄，全球储蓄能力下降，也将导致利率上升。部分经济学家希望，鼓励投资者多样化经营。考虑到长期增长趋势的差异，相对说来，西方公债对新兴市场国家的吸引力会下降。跟19 世纪末相似，一种主要而非主导性的全球货币（美元）将生存下来，但将与其他货币共舞。缺少明确的经济霸权国（主要体现为无与伦比的国际货币），将会如同19 世纪末一样引发动荡。各个博弈者不再面临任何压倒性强权以共同规则之名施加的压力，将追求各自的独特利益。

无疑，未来历史不会重演：我们有两方面理由，相信全球经济将比19 世纪末更强大，当然也更易引发危机。与过去相比，我们拥有更强大的全球金融体系来应对压力。当年，金本位制不允许中央银行采取稳定政策，结果加剧了动荡。而今，布雷顿森林体系（国际货币基金组织和世界银行）减少了财政和其他危机外溢的危险，而金本位制却不复存在。不过，值此全面经济危机之际，新兴大国多大程度上认可布雷顿森林体系的合法性并遵从这些机制，却是说不准的。

当前的制度框架似乎难以承受来自大的经济博弈者之间的大规模冲击。虽然19 世纪末出现了经济一体化的美好时代，但第一次全球化浪潮却毁于第一次世界大战和20 世纪30 年代的大萧条，正如我们在稍后部分所做的探讨。今后20 年，主要大国之间发生冲突难以想象，万一发生了，几乎确定不会演化为把主要大国都卷入世界大战。

最后，我们假定，新的常态，尽管比 2008 年前的大稳健时期更脆弱、更动荡，却建立在新兴大国积极支持的基础之上。如前所述，不难想象，重商主义和贸易保护主义压力增长，尤其是伴随着与邻国、对手的政治紧张不断升级，将会阻碍此次全球化进程，正如断送首次全球化一般。

二、改变全局的因素之二：治理能力的差距

政府和国际机构，能够迅速适应瞬息千变，还是束手无策，攸关未来发展。信息、通信和其他技术日新月异，使公众和机构能够更好应对全球和地区挑战。正像众多专家预计的那样，全球中产阶级膨胀，会呼唤法治，问责政府。面临城市集群日增，原有治理结构不胜其烦，但挑战也将催生更得力的治理结构和智能技术。但随着解决重大跨国挑战所需参与者不断增多，决策将更为困难复杂。在日益多极化的世界，形形色色国家、次国家和非国家行为体日益增多，都将发挥重要的治理角色。守成大国和新兴国家之间缺乏共识，2030 年全球多边治理发展，仍将限制重重。

“信息、通信和其他技术日新月异，使公众和机构能够更好应对全球和地区挑战……但随着解决重大跨国挑战所需参与者不断增多，使决策将更为困难复杂。”

（一）国内治理的风险与机遇

政治和社会变化多端，国内治理疲于奔命。过去 20 年，健

康、教育水平和收入增加这一大好势头，即便不能快马加鞭，也有望能够持续下去，这种趋势既受到新治理结构的影响，也催生了新的治理结构。社会科学理论和最近的历史重大事件（颜色革命和阿拉伯之春）都在证实一个观点，即成熟的人口结构、更高的教育水平和不断增加的收入将孕育并推进政治自由化和民主进程。然而，当“青年群体膨胀”开始缓解而收入上升时，向全面民主的广泛转型的步子将走得更稳、更持久，不再一轰而起，一轰而散。

两种情况将增加动荡前景：第一，研究表明，走在专制与民主之间的国家会更动荡；第二，政府系统跟不上其他领域的发展，尤其是经济发展，这样的国家将难以稳定。这两大危险因素适用于世界许多国家。

1. “半路国家”处境尴尬

如果我们使用20分满分来评定政体，将夹在专制与民主之间的“半路国家”的分值定为5至15分（专制低于5分，民主高于15分），目前约有50个国家属于这一危险组。[①] 大多数国家仍然低于一个比较巩固的民主水平分值，即18分或更高。这说明即使到2030年，很多国家仍将在复杂的民主化道路上步履蹒跚。

2030年，大批半路国家主要分布在撒哈拉以南非洲（45个国家中的23个），其次是亚洲（59个国家中的17个，包括11个东南亚国家中的5个，9个中亚国家中的4个），然后是中东

① 这种政体评分体系在政治科学研究中运用广泛。它以1—20分来判定，1800—2006年间所有人口超过50万的独立国家的政权属性及其转变。对其民主程度的判定主要根据该国的政治参与度、开放度、行政招募的吸引力以及对主要领导人的约束力度等因素作出。

和北非（16 个国家中的 11 个）[①]。中东最近的事件证实了这一地区面对治理转型风险时的脆弱性，这一事态可能一直拖到 2030 年。

自然灾难搞垮政府

2011 年 10 月，国家情报委员会（NIC）与橡树岭国家实验室（ORNL）合作甄别、研究可能对美国和其他主要国家构成严重威胁的自然灾难场景[②]。要求参与者（包括来自美国、加拿大和欧洲高校的专家及国家情报委员会、橡树岭国家实验室的官员）区分不同种类自然灾难：毁灭性灾害；发生频率中等的重大灾害；发生频率较高的“普通”灾难。

毁灭性灾难罕见，无需重视。此类灾害，如火山大喷发、行星或彗星撞击，可能性非常小，而其他事件如战争惨败或经济崩溃，不大可能搞垮任何伟大的国家或文明。“普通”灾难典型特征是高死亡率和巨大人类灾难，只要预防和恢复措施得力，不至危及国家和人类社会根基。

更具威胁的是那些既足以搞垮一个国家、发生频率也较高的自然灾难。主要包括：

主要农作物灾难，特别是大干旱、作物病虫害，以及能级虽低，但含硫量高、持续时间长的火山喷发。尽管严重的全面病虫害（蝗虫）可能性不能排除，但许多最严重的疫情却可追溯到单一作物发展模式，在现代农业中日益盛行（参见讨论小

① 全部“半路国家”的列表如下：阿尔及利亚、安哥拉、阿塞拜疆、白俄罗斯、布基纳法索、柬埔寨、喀麦隆、中非共和国、乍得、中国、科特迪瓦、古巴、吉布提、埃及、赤道几内亚、埃塞俄比亚、斐济、加蓬、冈比亚、伊朗、伊拉克、约旦、哈萨克斯坦、老挝、马达加斯加、毛里塔尼亚、密克罗尼西亚、摩洛哥、缅甸、尼日尔、尼日利亚、巴勒斯坦、巴布亚新几内亚、刚果共和国、卢旺达、萨摩亚群岛、圣多美、新加坡、斯里兰卡、苏丹、叙利亚、塔吉克斯坦、坦桑尼亚、多哥、汤加、突尼斯、乌干达、瓦努阿图、委内瑞拉、越南、也门和津巴布韦。

② The full report will be available from the NIC.

麦锈病扩散的部分，由于小麦生物多样性日稀，可能具有毁灭性影响)。1783 年至 1784 年，冰岛拉基火山喷发持续了八个月，硫磺流产生的“干雾”导致北半球温度下降 1.0—1.5 摄氏度，进而酿成大范围农作物灾难。

特定区域海啸，特别是东京和美国大西洋海岸的海啸。东京（位于低海拔区）在全球大城市里，面临危险最大。能够袭击美国东部的最大海啸源于波多黎各地区爆发的地震。海啸传到美国东海岸的时间只需 1.5 小时。本世纪波多黎各发生大地震的概率超过 10%。

土壤侵蚀与耗尽地力。现代农业侵蚀土壤的速度，至少是土壤形成速度的 10—20 倍。二战后，世界范围内的土壤侵蚀，已迫使农民遗弃 4.3 亿公顷耕地，总面积相当于印度国土面积。油价上涨及肥料价格飞涨，不肥沃土壤若要维持农业生产力，将愈益困难昂贵。

太阳磁暴能击毁卫星、电网和很多敏感电子设备。后果严重的太阳磁暴，发生频率不足一个世纪，太阳超级风暴将对世界的社会、经济架构造成巨大威胁，原因在于世界对电力的依赖过大。

“……即使到 2030 年，很多国家仍将在复杂的民主化路上步履蹒跚。”

2. 民主赤字国家

如果一个国家民主化领先于发展，就存在“民主过头”。如果民主存在于赤贫穷国（印度似乎是一个例外），专制存在于最发达国家（那些高收入、高文化国），那么这些国家都将难以稳定。民主过头面临逆转危险的地区包括：撒哈拉以南非洲、拉美、加勒比海地区和南亚。

如果一个国家发展领先于治理，就存在“民主赤字”。民主赤字是导火索，可能让各式火花引燃。

我们的建模系统以国际前景模型为基础，突出众多海湾、中东和中亚国家——卡塔尔、阿拉伯联合酋长国、沙特阿拉伯、阿曼、科威特、伊朗、哈萨克斯坦、阿塞拜疆，以及亚洲国家，如中国和越南。这一组国家，与由脆弱或失败国家目录提供的“问题国”列表截然不同。它们不是那些从暴力或公共服务设施瘫痪就可看出的动荡国。大多数关于脆弱性的指标，都未把镇压措施或机构名不副实这两项指标包括进去，肯定是一大遗憾。

那些“民主赤字”多的国家（如中国和海湾国家），会对整个国际体系产生影响，危险甚巨。大多数情况下，按照购买力平价标准，中国在未来五年左右的时间，注定会跨过人均GDP15000美元的门槛。这一水平往往是民主化的触发器，尤其是伴随着教育水平提高和人口年龄结构成熟。民主化往往伴随着政治和社会动荡。很多专家相信，一个更民主的中国，将释放出日益增长的民族主义情绪，至少在中短期，会助长业已存在的中国与其邻国之间的紧张关系。长期来看，伴随着法治体系的日益完善，加上没有威胁感，中国的“软实力”将会得到提升。只要民主化不长期阻碍中国经济增长，中国向民主化的成功转型将增加其他专制国家转型的压力，同时也会为中国经济发展模式增光添彩。

“2030年之前，数据的指数级增长，加上新兴的分析数据的手段，将为几乎世界各地的个体和相关网络提供前所未有的能力。”

部分海湾和中东国家，如果能够继续提供经济福利，又未公然暴力镇压，就能做到像新加坡那样，抑制要求政治改革的压力。当然，并非所有国家都能如此。尽管大多数风险分析都将重点放在非洲，但考虑到中东的重要性，特别是世界对中东能源的严重依赖，未来15—20年我们须继续关注这些国家。

弥补治理缺口			
治理层级	现状	趋势	驱动力
次国家	新通信技术扩散，拓展了个体交流意识，为解决国家、地区、民族和性别分歧提供了桥梁。城市组成的网络正在塑造政策辩论，引领着国家甚至全球对如何治理作出反应。	城市将充分利用公众呼声，要求权力下放，地方主事。	某些“国际大都市”令中央政府黯然失色。在经营有方的城市，资源管理井井有条，管理无方的城市将会爆发动荡。
国家	治理缺口主要体现在国内。50多个国家处在专制与民主之间的“尴尬”位置。高度发达的东亚和中东/海湾国家面临“民主赤字”：治理能力跟不上经济发展水平。	到2030年，很多国家将准备好扩大民主，然而进程却往往是破坏稳定。中国的民主化将对全球产生巨大影响。	经济快速发展、人均收入增高、文化水平提升，能够促进民主化进程。人口年龄结构成熟与否，也跟国家充分实现民主的能力密切相关。
地区	所有地区都在地区机制建设方面取得了巨大进步，整合速度与综合水平参差不齐。	国际贸易增长将促进地区整合。一个地区，尤其在亚洲，能否建立集体安全秩序，仍不明朗。	互不信任、经济竞争、尔虞我诈会限制主权分享的范围。
多边机构	多边机构都在质疑自身的合法地位，它们未能反映新兴国家崛起、经济实力变化的排序层级。	即便全球机制能够反映权力格局的变化，能否应对全球挑战，仍很难说。	新兴大国与守成大国之间齐心协力，将增强国际机制，有效应对全球挑战。

若干中亚国家的“民主赤字”榜上有名，其排名可能居前20名。总体来说，这一地区是除撒哈拉以南非洲之外（不同于阿富汗和巴基斯坦）的另外一些高风险因素，但却未能引起足够

注意。

3. 新技术颠倒公民与和国家角色

IT 技术应用的扩散，将使个人和组织能耐空前，获得新的联系协作方式。IT 化网络运动展示了其破坏能量，迅速吸引全球关注，呼吁政治社会变革。IT 应用使个体能够在虚拟世界围绕共同观念组织起来，坚持活动（参见 IT 技术未来详情的章节）。

撒哈拉以南非洲、印度农村以及其他一向与世隔绝的地区，正在建立全球联系，产生了积极的经济影响。社交网络仍将是一种潜在的、有效的政治武器。社交网络带来的压力特别是对政府权力的压力，几乎肯定会变得更加强大。事实上，网络上的无限选择往往并未扩大眼界，一心专注拉帮结派，煽动民族主义，使社交网络发挥着潜在的消极影响。

2030 年之前，数据的指数级增长，加上新兴的数据分析手段，将为几乎世界各地的个体和相关网络提供前所未有的能力。三种预测趋势会加速 IT 应用：电脑储存费用下降 95%；原始数据储存费用将下降到目前的 1%；网络效能将增长超过 200 倍。此外，伴随着 IT 应用的扩散，四种技术发展将为个体和组织插上翅膀：

· 向云架构转变，将提高电脑设备利用率并优化网络运用。云技术还将使世界 80% 的人口掌握电脑能力和有实际意义的分析能力。

· 移动设备、日益丰富的传感器平台，能详尽无比地跟踪和分析几乎所有依靠科技为介质的交流。世界超过 70% 的人口已拥有至少一件移动设备，2010 年全球移动数据通信规模是 2000 年的 3 倍。到 2015 年，撒哈拉以南非洲、东南亚、南亚和中东拥有移动网络接入的公众将超过用电户的数量。

· 廉价的数字存储器意味着几乎所有数据都可以无限存档。

信息本身将足够“聪明”——汇总后自动建立索引、分类并加注标记，以便日后分析使用。

· 在网络世界运行自动化任务的机器人程序，将和工业世界的机器人一样普遍。尽管机器人程序最出名的应用是黑客和破坏行为，但它们用途广阔。与大量数据相结合时，机器人程序能够为个人和网络组织管理复杂且长期的任务。

分布广泛的新环境和IT化应用，也为犯罪、恐怖主义、贩卖人口和毒品、侵犯知识产权有关的非法网络大开方便之门。同时IT设备也将在打击腐败、政府渎职和不称职方面发挥越来越大的作用。不过，非法行为迄今超过了大多数国家和多边机构控制它们的能力。

4. 强化治国能力？

新的、不断扩大的IT架构及其应用，不管是对个人、组织还是对国家而言均非决定性的。政府和其他传统政治机构有能力以变应变，提升影响和威力。

如果对国家控制的威胁和挑战升级，通信技术将使政府（无论专制政府，还是民主政府）拥有前所未有的监控民众的能力。IT应用到治国上，将为中等和新兴国家提供发挥软实力的机会。新的IT化通信，能增加他们的战略影响力，并因此而可与大国相媲美。我们咨询过的很多专家相信，到2020年左右，政府能够通过灵活应用IT，与非国家行为体、网络合作，去制服大多数具有威胁的非法行为。国家通过跟踪那些支持非法行为的地址和组织，能够把最具威胁的行为体“一锅端”。控制着约90%的互联网通信的30家公司可以将其阻塞点用来反制非法行为。

“争论双方都同意……IT应用的特点……增加了国际体系发生更频繁的、不规则变化的可能性。”

专家不知如何寻求IT化个体、网络与传统政治架构之间的平衡。在交流中，技术专家和政治学者各执一词。政治学者仍然怀疑 IT 化能替代国家权力，技术专家则视 IT 为一场全球革命，在未来 20 年能使国家和传统机构影响力下降。但双方都同意，IT 应用的特点（多重的、同时行为；近乎瞬时反应；大量跨越地理边界组织；技术依赖）增加了国际体系发生更频繁的、不规则变化的可能性。

（二）平等与开放更受关注

能力明显增强的公民需要平等、开放、透明和公平，专制体制将面临日益强大的压力，要求问责交代、公开施政和公民参与。那些不能放宽控制、开放透明的政府，即使拥有强大的工具也会节节败退。

在一国内部及国家和地区之间不断扩大的收入和财富差距，将是经济快速转型期不可避免的副产品。未来 15—20 年，虽然一些发达国家和发展中国家内部的收入不平等现象仍很突出，但总体而言，随着中产阶级的壮大，这种差距将有所减小。而其他形式的不平等将变得日益重要。

首先，在西方国家，税收可能增长，用来支付养老金、医疗和其他照顾老年人口所需的津贴，青年一代则将越来越感觉到强烈的代际不平等。

其次，城乡差距将更加拉大，特别是在快速发展的发展中国家。随着新兴大城市成为火车头，拉动地区和全球经济增长，这一趋势会发展下去。其影响将超出该城市所在的国家。这些新的国际城市不仅吸引其国内其他地区的人才，也将吸引周边欠发达地区的人才，使地区发展的努力更加复杂化。

第三，不同社会行为体对不平等特别是普通公民与跨国大亨间的巨大差异的认知将会增强。全球化对巩固全球顶端财富分配

（不管是个人、家庭还是公司）的作用，将成为个人认知不平等的焦点。很多人可能担心这类大富豪逍遥世外，不受经济、政治和社会约束，而其他公民则受到地域限制。这帮富豪胡作非为、贪污腐败，与此同时，国外账户、司法保密和其他全球税收系统漏洞百出，又使治理鞭长莫及，无可奈何。

平等和公平的主题，同样对国际舞台具有影响。守成大国制定当前国际关系规则，新兴大国则呼吁国际关系的民主化。饱受争议的西方开放、自由秩序观念已导致新兴大国的崛起和繁荣，但新兴大国的精英和大众仍旧相信，二战后的国际体系对西方国家有利。我们很多对话者都认为，“美国的自由主义因人而异，空口白话。”引证的例子包括，西方支持专制政权，对发展核武器的国家持“双重标准”，以及违反国际法和侵犯人权，尤以中东为最。平等、开放和公平的价值观不仅适用于国内，也应适用于更广阔的国际秩序。

（三）新型治理形式

2030年的政治形势将更加复杂：大城市和地区群体可能寻求更大权力，而国家和全球多边机构将紧紧追赶，以跟上权力快速扩散的趋势。

城市网络数量节节攀升、地区间双边关系日深、城市在形成政策辩论时崭露头角，引领国家甚至全球对治理挑战做出反应，证明了城市的政治角色和影响力不断膨胀。伴随着城市财富和经济权力的增长，城市在未来将更加举足轻重。事实上，麦肯锡全球研究所预测，到2025年，新兴市场国家的城市将比发达国家的城市拥有更多更富裕和更高端的中等收入家庭。城市攸关市民幸福，可能在资源管理、环境标准、移民甚至安全方面日益采取主动。目前，基层创新和创造已层出不穷。事实上，在失败国家内部，城市和地方治理结构常是唯一能够运转的。对分散化的治理网络的呼吁，以及对与地理和社会背景相关的合法性的寻求，将进一步增强城市在治理网络中的重要性。

但地方主义不大可能成为绝对的积极趋势。从历史经验看，腐败猖獗往往成为快速城市化的特征。管理糟糕的城市环境，也曾酿成难以收拾的糟糕情形，激起政治及国内冲突，乃至引发革命。眼界局限在一个团体或地方会不利于从战略角度出发搞好协调或投资。在帮助应对全球挑战的过程中，涉及城市未来角色的两个关键问题是，地方的做法能否与全球议题保持一致，城市能否与更广阔的国家和地区机制协调配合。在一个更分散化的体系中，权益分享、群策群力、充分整合，在制订计划过程中至关重要。一个关键性的不确定因素是不同城市和地方分享创新方法的程度，这在新兴经济体和那些亟需变革的贫民窟表现得尤为明显。地方组织和团体间互学互联，形成全球性活动，对于应对全球挑战将非常重要。

（四）一个新的地区秩序

世界经济总体发展趋势是朝向更广泛的区域一体化，特别是区域内贸易快速发展，这预示着世界秩序将更多地围绕着区域框架拓展构造。亚洲在通往建构区域一体化机制的道路上已迈出重要步伐，一批区域组织已经建立，比世界其他地区更加多元化。未来，区域一体化涵盖范围将不断增大，尤其是许多旨在解决特定问题的功能性组织会不断增多——如应对海平面上升等环境公害的国际组织等。随着区域一体化的发展，区域贸易、金融规则也将进一步完善。

但亚洲区域集体安全秩序是否能够建立，就不大好说了。从地缘政治视角看，一些亚洲国家倾向于以中国为中心的地区秩序，但另一些国家则强烈抵制中国影响力的扩展。众说纷纭，表明亚洲国家很难对一个最基本的问题达成一致意见——亚洲究竟是什么？亚洲要往何处去？美国是影响亚洲能否实现进一步融合的关键因素，美国一向发挥重要影响力，鼓励世界其他地区建立种种区域多边机构。中国若逐渐走向民主，将更加让人放心，更有说服力，当亚洲国家怀疑美国靠不靠得住、撑不撑得住时，更是如此。

其他地区的区域一体化将继续向前推进，但速度各异，且更倾向于“功能性目的”。假以时日，或将产生推动一体化向前发展的需求。对南亚、中东等地区而言，即使到2030年，可能也无法建立起旨在处理复杂的地区和平与安全问题的合作机制。我们在这两个区域咨询了很多专家，在他们描述的情景中，即使相对乐观的预测，也认为在这些地区，地缘政治冲突与互不信任仍将占上风。欧洲一体化却是个例外，一体化进程不断推进，甚至实现主权共享，然而其他地区却并不认为欧洲能够成为可供效仿的样板。

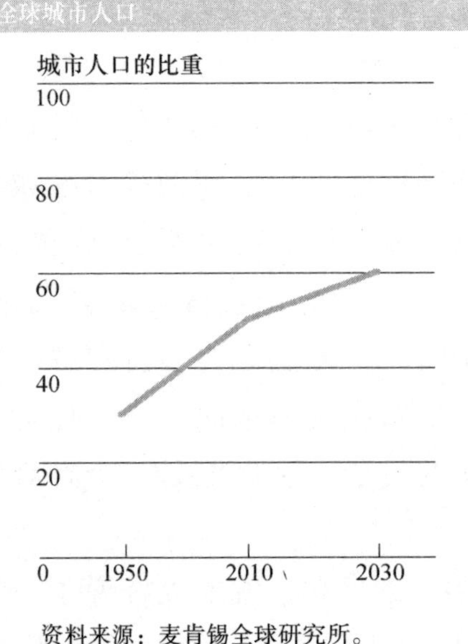

资料来源：麦肯锡全球研究所。

（五）全球多边合作

到2030年，当前大部分由西方主导的国际机制，如联合国安理会、世界银行和国际货币基金组织等，将实现转型，新兴经济体会在其中发挥同等重要的作用。这些新兴经济体，既包括我们熟知的新兴大国如巴西、印度（它们仍不是联合国安理会常任理事国）和中国（虽然在联合国安理会拥有否决权，但在国际货币基金组织中仍不掌握与其经济实力相匹配的投票权），还包括一些第二梯队的新兴国家，它们将在国际社会中发挥更大作用——至少会扮演地区领导者角色。就像2008年为解决金融危机，二十国集团取代了七国、八国集团那样，我们可预见其他的一些多边协调机制也会更新换代——多半会在应对危机的过程中产生。

即使2030年的全球机制很好反映了各国实力地位的变化，但能在多大程度上解决日渐增多的全球挑战仍不可知。要在合法性与效率之间寻求平衡，将变得更困难：当一个决定作出时，既要确保所有相关国家都能参与其中，又要限制有决定权的国家的数量，以保证决议顺利推出。多极化推进与权力扩散齐头并进，将使国际机制改进升级难上加难。可如果不改革，这些国际机制将在广大新兴国家的公众眼中丧失合法地位。

守成国与新兴国的分歧和差异、非国家行为体影响力增大、次国家行为体（如大城市）能量上升等因素，将使治理更加棘手。此外，在这个转型的时代里，主要行为体之间价值观迥异、对国际治理的观望和怀疑已相当普遍。新兴大国担心西方国家或行为体侵犯主权，这种顾虑在精英和普通民众中均根深蒂固，只有在不得不参与解决跨国问题过程中才能逐渐缓解。例如，中国最近的一些做法，跳出严守“不干涉他国内政”的原则，积极参与国际维和行动和军事反海盗行动，就让许多观察家刮目相看。与此同时，中国和其他新兴大国仍对西方保持警惕，不赞成直接干预他国，对一些旨在促进他国政权更迭的制裁举措敬而远之。一个民主的中国或会更具有民族主义倾向，并对让渡主权更为敏感。

未来的治理方式不是“非黑即白”的：尽管多极化不断推进、地区主义大行其道、经济增长可能放缓，国际治理取得进展的可能性不能排除。取得进展的情景也是多种多样的，要看应对哪一类全球挑战而定。

2030年全球挑战可能出现的最好与最坏情景			
挑战	现况	最坏情景	最好情景
自由贸易经济协调	从1980年到2005年间，世界经济总量增长了32%，世界商品进出口增长了7倍还多，但多哈回合谈判陷入僵局。	当前及未来的国际贸易回合谈判，前景暗淡。严格挑选成员的多边贸易及地区性安排，很大程度上会取代全球一视同仁、不加挑选的开放贸易。贸易失衡将会使多边协调更加困难，然而，除非由于其他原因引起自由贸易制度垮台，类似于1930年式的保护主义不大可能发生。	多哈回合谈判，发达国家与新兴大国达成妥协。二十国集团的作用得以巩固，成为推动宏观经济协调的全球论坛。
气候变化	每年都开会却无法达成新的“后《京都议定书》全面协定”。	全球经济放缓使得中国、美国和其他主要经济体难以达成有实质意义的协定。这导致联合国主持的气候谈判一事无成，温室气体排放不受限制。	天然气产量大价格廉。减排更易实现，但所谓气温下降“两摄氏度”的目标仍难实现。富国和穷国之间的差距不断缩小，新兴大国或将准备牺牲部分经济利益，抓紧减排。
核扩散	核不扩散条约机制已经建立，全球大部分国家已签署《不扩散核武器》，这是防止核不扩散的强大全球机制。当不服从条约的情况出现时，出现了针对此种情况的单边军事行动和措施的案例。	伊朗和朝鲜挑起了其他国家获取和开发核武器的劲头。恐怖分子或极端主义分子也获取了制造大规模杀伤性武器的原料。全球核不扩散条约形同虚设，产生外溢效应，以至于当前国际禁核体系瓦解。	伊朗和朝鲜获得大规模杀伤性武器的行为被劝阻。恐怖组织未能获得大规模杀伤性武器。西方需向更多感到扩散威胁的国家提供核保护伞。

续表

2030年全球挑战可能出现的最好与最坏情景			
挑战	现况	最坏情景	最好情景
保护的责任	通过多边努力防止发生暴力政治镇压的成功案例只有少数。这在冷战结束后尤为明显。	西方国家日益孤立。缺乏国际共识，联合国安理会难以推动制裁措施、批准军事行动，或向国际刑事法庭提交仲裁。面对政治经济限制，美国和欧洲无法采取特别行动以防止暴行的发生。	西方推动印度、巴西及其他崛起的民主国家就保护的责任达成更多共识，尤其是在军事干预方面。
失败国家/缺乏治理的领域	迄今为止，多边努力还只是零星的，有好有坏，经费严重不足。大部分聚焦于安全威胁高危区。	国际承诺日稀，犯罪和恐怖分子网络到处蔓延。联合国和地区组织日益无力面对不断增加的挑战。脆弱国家的资源浪费，加剧了贪腐和治理问题。失败国家数量日增。	新兴大国认识到失败国家对自身利益的危害。有了更多共识，二十国集团开始共同分担主要大国、联合国以及地区组织的负担。地区组织为防止周边国家陷入失败，而承担更大责任。

科技和市场将会对减少碳排放发挥更大作用，效果要比谈判或升级《京都议定书》要好，因为再谈十年也不见得能取得实质性突破。更加廉价、清洁的天然气大规模开发与应用，将取代煤炭，中美等主要碳排放国将大幅减排。在其他可再生能源方面的科技进步将转变气候变化谈判的议题，对于发展中国家与发达国家就“碳排放削减”问题达成妥协，具有实质意义。这些国家一度反对设定排放限额，因为担心其经济增长前景会受到影响，科技却使该难题迎刃而解。

未来的治理方式不是“非黑即白”的：尽管多极化不断推进、地区主义大行其道、经济增长可能放缓，但国际治理取得进展的可能性不能排除。

核扩散前景要看朝鲜和伊朗研发核武器究竟会走多远。尤其是伊朗，一旦搞成核武器，将触发中东地区新一轮军备竞赛，动摇核不扩散机制。但如国国际社会成功阻止了这两个国家拥核，多边合作将获得更广泛支持，《不扩散核武器条约》的效力将加强。同样，国家或非国家行为体是否使用核武器、推动还是阻止核扩散，取决于未来事态的发展。

大国可能协力应对脆弱或失败国家的挑战，尤其是牵涉到共同利益的时候。例如，二十国集团将在促进大国之间共同分担国际义务方面发挥重要作用。随着军事力量的不断增强，新兴国家（包括巴西、印度和南非）已开始在国际维和行动中发挥更重要作用。即使中国这样的国家，曾批评过联合国的维和行动是对他国主权的干涉，如今也在海外部署了 2000 多名维和人员。

自愿者联盟，只要其他大国默许或听任，仍可起到作用，解决一些问题。虽然国际社会在诸如“防止种族屠杀、惩处战争罪行、防止种族清洗、防止人道主义危机”等问题上已有广泛共识，但一些新兴大国仍不愿主动参与干涉他国内政的行动。当然，这并不妨碍其他大国采取包括武力在内的行动。随着各国联系增多、国际舆论伸张正义，大国若在这些人道主义危机爆发时继续选择不干涉，受到的压力将越来越大。

主要国家间尽管存在巨大差异，共同利益的存在却意味着即使无法达到最佳目标，也不能完全排除多边和区域合作。最近的例子是 2008 年金融危机爆发后，各国选择了合作应对，而不是像上世纪 30 年代那样搞贸易保护主义。另方面，没有任何一个国家或集团拥有足够能力去驱动国际社会达成一致，这一事实意味着当前持续发展的国际多边治理很难在短期获得突破性进展。为说明这种矛盾性，见第98—99页的表格，给出了最优和最差两种情景下国际治理的不同结果。

三、改变全局因素之三：更多的潜在冲突

近20年的历史趋势显示：大规模武装冲突罕见，即使爆发冲突，跟以往比较起来，平民和军队的伤亡率也较低。在很多发展中国家，成熟的人口年龄结构，预示着国内武装冲突数量将持续减少。与此相对，国家间冲突（包括能够引发新一轮大国战争的冲突）虽然处在历史的低位，但爆发的概率却在上升。由于风险过大，大国并不想卷入国家间冲突。这些国家的主要目标在于发展经济，知道冲突很容易使国家陷于混乱。人类身处核武器时代，也决定了大国冲突将会付出难以承受的高昂代价。尽管如此，一些国家仍可能误判，战争仍可能爆发。

过去几十年里以相互依存为特征的全球化环境，将会在未来发生改变，尤其是在许多国家经济增速放缓、全球经济不确定性增大、危机增多的时候。在这种竞争更激烈的大环境下，大国间的冲突并非不可想象。中东和南亚等一些地区显然仍易爆发能够让彼此会付出巨大代价、殃及其他国家的大规模暴力冲突。许多专家设想，资源紧张、环境退化带来的生态灾难，可能激化一些国家社会矛盾，进而酿成国内或国际冲突。最后，和以往有所不同的是，大规模暴力冲突的主体不再被国家垄断。能获得大规模杀伤性武器和网络破坏能力的个人和小型组织也会带来巨大伤害和沉重灾难。

1945—2009年全球暴力冲突趋势

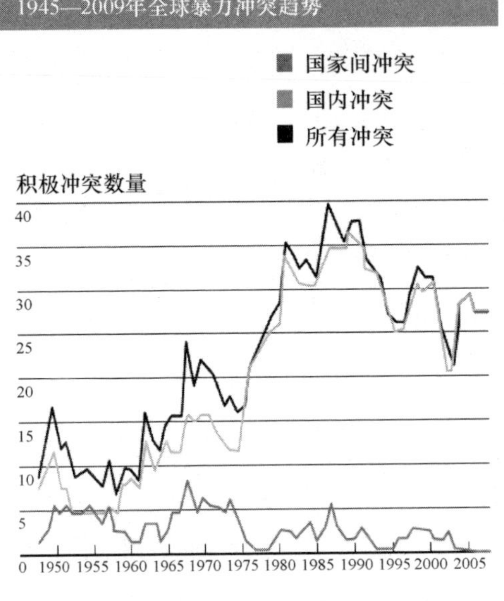

资料来源：国际发展和冲突管理中心（CIDCM）

（一）国内冲突：持续下降

就像我们刚才所提及的，自20世纪70年代以来，大约80%的武装冲突、种族冲突（每年多于25人死于战斗）的根源在于这些国家过于年轻化的人口年龄结构，平均年龄（预期寿命的1/2）多在25岁左右，每当国内和种族冲突爆发，年轻人都倾向于打下去。1970—1999年间爆发的国内武装冲突平均都拖了约6年时间，其间停火总天数不到一年，包括安哥拉内战、北爱尔兰冲突、秘鲁反对极左派“光辉道路”的战争、阿富汗内战等都打了数十年。与之相反，1970—1999年间爆发的国家间战争，平均持续时间都不到两年。

从20世纪90年代早期开始，在国内冲突结束后，“拥护和平行动”无论数量还是规模都声势大涨，有效地抑制了冲突再起和出现“冤冤相报何时了”的情况。人口年龄结构偏年轻的国家爆发国内冲突的几率从1995年的25%降低到2005年的15%。尽管公众对这些劝和促谈、强调以建设为重的政治运动能起多大作用半信半疑，可这终究还是有助于减少冲突和人员伤亡。

展望未来，随着这些国家人口年龄结构的变化（平均年龄超过25岁），国内冲突势必日渐减少。除玻利维亚、危地马拉、海地和巴拉圭之外，拉美和加勒比地区国家人口年龄将逐渐老化，国内冲突风险也随之不断降低。与之相似，许多东亚国家正迅速步入老龄社会，国家间冲突也可能逐年减少。然而，未来 20 年，一些地区的国内冲突风险仍会较高，主要分布在撒哈拉以南非洲的西部、中部和东部，中东和南亚，亚太一些热点地区的岛国如东帝汶、巴布亚新几内亚、菲律宾、所罗门群岛等。（参见第 6 页图）

然而，我们对过去十年国内冲突数量减少、烈度降低不能过于乐观。首先，这种结果有赖于国际社会对“和平支持行动”的持续和大量的投入。其次，年龄结构相对成熟的国家爆发国内冲突的几率在逐渐增大，其中既有政治不和谐的原因，又有年轻的少数族裔冲突等因素。如长期陷于冲突的土耳其库尔德人、黎巴嫩什叶派、泰国南部北大年的穆斯林，都是一些年龄结构相对成熟（平均年龄在 25—35 岁之间）的族群。一些爆发冲突的国家或地区的年龄结构甚至趋于成熟化（平均年龄在 35—45 岁之间），俄罗斯南部车臣地区和北爱尔兰地区爆发的冲突即为此类。展望未来，撒哈拉以南非洲的一些国家和地区，即使其民众的年龄不断迈向中年，爆发国内冲突的几率仍然很高，因为爱闹事的种族、部落和少数族群依然气盛。

再次，很多国家水和耕地等自然资源有限，年轻人偏多，因而爆发国内冲突的风险也在不断增大。一项关于资源匮乏和环境风险的国家指标显示了撒哈拉以南非洲、南亚和东亚地区有爆发国内冲突的危险，其中包括印度和中国。不少较富裕的国家已着手处理这一日渐增长的威胁。但仍有一些国家，如阿富汗、孟加拉国、巴基斯坦和索马里等，治理机制摇晃失稳，无法及时解决日益增长的环境和人口压力带来的挑战。

（二）国家间矛盾：几率上升

过去十年几乎未爆发过国家间冲突。自 1939 年爆发第二次世界大战以后，主要大国间尚未兵戎相见，世界享受到过去 500

年内最长的一段和平时期。学者们分别从不同的角度说明这个问题。历史上还没有任何一个时代像今天这样，大国权力分布如此不均衡。美国的军事能力比其他主要大国加起来都要强大，这种状况仍将持续几十年。新兴大国正在崛起，但它们受益于现行的国际秩序并安于现状。越来越多的国家自觉地、心照不宣地限制自身军事力量的发展，不追求军力与国家实力相称。这反映了它们对当前形势的一种评估：一国已无法轻易利用军事实力去达到政治目的，它们或许还认为近期内不会爆发大规模战争，没有必要忧心忡忡。

与此相反，我们和其他专家却认为：随着国际体系发生变化，国家间发生战争的风险正在增大，后冷战时代的均势基础正在打破。到2030年，如果美国不愿意或无力承担全球安全“提供者”这一角色，世界将变得更加不稳定。如果国际体系变得更“碎片化”，现行合作框架无法令世界主要大国受益，潜在的竞争与冲突的可能性就会增大。

三种不同类型的风险交织，增大了冲突爆发的几率：一是各主要大国另有盘算；二是资源争夺；三是战争工具增多。此外，地区冲突的可能性也在增加，尤其是中东与南亚地区，局部冲突很可能成为一场大战的导火索。中东即使不断走向民主化，依然会是世界上最不稳定的地区。新生的民主国发生动荡和倒退的风险会更高。地区竞争（如伊朗和邻国之间）会日益激化，当伊朗决定继续研发核武器，与邻国间的局部冲突将会爆发。一旦爆发就很难收拾，还可能殃及全球。非国家行为体如哈马斯，能量日增，所在地区冲突可能轮番升级。南亚地区动荡也将对国际社会产生巨大影响，因为南亚已逐渐成为世界经济发展的引擎。印巴间紧张局势仍最令人提心吊胆。例如，我们关注一旦印度本土发生另外一场大的恐怖袭击，而这些恐怖分子来自于巴基斯坦控制的地区，双方的紧张局势会立即升级。万一东亚陷入紧张冲突，不仅会对国际社会构成威胁，还殃及全球经济。我们将地区潜在冲突及其全球影响制作了一张表格，即本书第121—123页“改变局面的因素之四”表格。

1. 主要大国另有盘算

新兴大国崛起，在地区和全球层面的利益诉求增多，战略意图也将在未来15—20年发生显著变化。

中国：精英们正掀起一场热火朝天的辩论，讨论“随着中国海外利益拓展，中国是否应该改变传统的政策，如不在他国建军事基地、不与他国缔结军事同盟、不干涉他国内政”。这场辩论的结果将成为观察中国是否想成为全球超级大国的重要风向标，反过来又会影响到未来的大国竞争。借鉴历史上其他大国崛起的历程，我们可以看到，随着中国经济增长放缓，咄咄逼人的态势将会随之凸显，它在国际上追求大国身份，有内政的考量和需求。

印度：随着印度与海湾地区、亚洲的经济联系和依赖性日益增强，其国际视野快速拓宽。尽管印度与中国的双边贸易增长迅速、经济联系日益密切，但互信缺失给两国关系蒙上阴影。随着这两个大国并肩崛起，这种战略上互不信任的状况短期内难以改变。该局面在亚洲尚属首次。亚洲历来都由一个大国主导。印度对中国是否会阻碍自身崛起极为敏感。中巴在核武器和导弹方面持续合作、中印主权争议摩擦升温，以及中国反对印度参与地区和国际机制等等，都一直在刺激印方，影响到印度的战略观。

俄罗斯：俄罗斯领导人是否会选择融入国际体系、减轻未来发生武装冲突的威胁？还是宁愿继续孤立于国际体系之外，不信任其他国家，使国家间紧张局势恶化？这在很大程度上反映着俄罗斯的战略意图。俄罗斯十分关注中国迅速崛起带来的威胁，尤其是中国的资源需求日益强烈，会暗中蚕食俄罗斯的远东和西伯利亚地区。俄领导人还认为需警惕美国和北约插手俄与苏联地区国家的冲突。

欧洲：毫无疑问，欧洲对境外军事干预非常谨慎，仍把主要安全威胁归咎于全球化。这些威胁源于大规模杀伤性武器的扩散、针对核心基础设施（包括太空资产）发动网络攻击、资源争夺和从潜在动荡地区流入大量难民。在可预见的将来，捉襟见肘的财政会促使欧盟各国整合防务资源。随着时间的推移，欧洲和新兴大国间的军力差距会不断缩小。随着防务合作增多，欧洲将在未来多边行动中，尤其是人道主义干涉方面，发挥更重要的作用。

与此同时，随着全球安全挑战增多，美国也和欧洲一样预算吃紧。总体而言，美国会估计自身能在多大程度上再扮演世界的捍卫者和国际秩序维护者的角色（详见第161—162页），且这将在多个不同领域中表现出来。美国在亚洲一直扮演着安全保障者的历史角色，驻有大量地面部队，处于与亚洲崛起国（主要是中国）竞争的地位。美国持续保护海上通道（特别是从海湾地区到欧洲和经印度洋到亚洲的航线）受到该地区绝大多数国家的普遍欢迎。然而，这种角色却可能招致与中国关系的紧张。中国战略家担心依赖美国保护航线安全欠妥，一旦与美国发生冲突（如台湾问题），美国可能会对中国实施石油禁运，这势必会成为中国的战略软肋。作为回应，中国正建设自己的海军力量，开发陆路能源通道，以实现能源运输途径多元化。世界各地潜在人道主义灾难机会在增大，美国军事资产（如空运能力和情报信息）将成为全球集体行动成败的关键所在。

2. 全球资源短缺隐患

伴随着安全观念的变化，对资源的争夺日益升级。获取关键资源如矿产和能源，关乎许多高度依赖外部资源供应的发展中国家经济的快速增长。开发海底资源引发的权利之争，在许多地区轮番升级，如南海、印度洋、北极和大西洋南部地区（参见相关表格）。众多主权争议老问题悬而未决，新科技提升海底能源开发能力又使新纠纷大量涌现。然而，相关国家心知肚明，即如果卷入冲突，资源开发就会泡汤，因而有所顾忌，不敢一味蛮干。

2030年水资源紧缺带：按流域划分的环境缺水指数

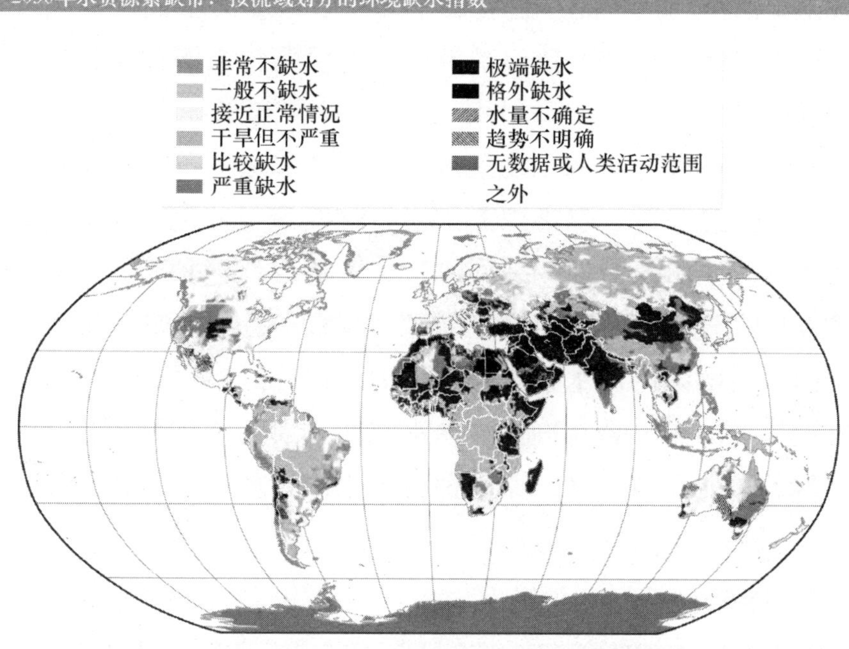

“2030 年，水资源的重要性和争夺的激烈程度，将超越能源和矿产资源，国内和国际层面都是如此。”

2030 年，水资源的重要性和争夺的烈度，将超越能源或矿产资源，国内国际都是如此。虽然美国和墨西哥、南美洲西海岸沿线的水资源都紧张，但北非、中东、中亚和南亚以及中国北方这一带的水资源更加奇缺。这种紧缺趋势将持续发展，因为这些缺水地区恰巧是未来 15—20 年人口增长最快的地区。在这条中心带上有很多著名的流域，如尼罗河、底格里斯河、幼发拉底河、印度河、恒河、湄公河、黄河以及长江。除了长江和湄公河外，其他所有河流都面临中等（尼罗河和恒河）或严峻的缺水压力，湄公河也一度因干旱和中国上游蓄水而遭受巨大压力。

在这条缺水带上也有少数不太知名的河流，如巴以地区的约旦河、乌拉尔—库纳河、克泽尔河（靠近底格里斯河和幼发拉底河，大部分位于土耳其境内）、锡尔河和阿姆河（曾是流入咸海的最主要河流），中亚的巴尔喀什湖和塔里木河也面临着沉重的缺水压力。从北非到阿拉伯半岛，再到伊朗，大多数国家境内没有著名的河流或水域，用水依赖于进口和开采埋藏很深的地下水，包括进口肉、水果、蔬菜等需要大量水源生产的农产品。

从历史经验看，水资源紧张很少触发暴力冲突，反而会产生很多水源分享协议，但一系列风险也可能改变这种模式，如缺水地区人口高速增长、可用水资源发生急剧变化（如发生大旱）。若一国为缓解国内用水紧张地区压力而向外迁移部分居民，就极有可能导致国内分裂与冲突。缺水地区主要河流水域都由多个国家分享，不能完全排除国家间擦枪走火的可能性，如因其他问题关系闹僵时，更是如此。

3. 致命技术的扩散

未来15—20年，获得越来越多的战争武器将更加容易，尤其是精确打击武器、网络武器、生化恐怖武器等。

精确打击武器。到2030年，随着工业化效能提升，其主要成果的传播范围也进一步扩大。比如说，精确导航的GPS数据将在全世界得到更广泛的使用，越来越多的国家与非国家行为体将具备更强的精确打击能力。精确制导武器的扩散会将各国主要基础设施置于易受攻击的危险之中。这将会为中东等地区塑造新的安全环境、发展多样化的攻击力量提供动力。远距离精确制导武器和反导系统的扩散将对美国和北约的前沿部署军力带来严峻挑战，美国实施外科手术式打击等军事行动变得更加困难。因担心被牵连和成为被敌对势力精确袭击的目标，第三方将不愿参与军事合作。更多的精确打击武器会使攻击者高估他们的军事能力，高精确度也会给攻击者一种错误的认知，认为他们能根据特殊目标进行“量身定制”式打击，而不会产生太大影响，因此让他们更倾向于使用这些武器。

网络武器。网络武器包括病毒（自身复制程序，需要人为传播）、蠕虫（一种次级病毒，可以自行复制传播）、木马（在一些合法程序中隐藏的恶意软件）、拒绝服务攻击（用信息攻击服务器使其瘫痪）、网络钓鱼（用欺骗性的邮件和网页获取个人密码信息）。

可能发生的网络战情景有：同时运用多种网络武器攻击对象国多个基础设施。在其中一种情景案例下，互联网、自动提款机、广电传媒、交通信号灯、金融系统以及空中交通管理软件系统同时停止工作长达数周。目前网络攻击的趋势显示，虽然一些电脑系统相对而言比较安全，但在蓄意发起的网络攻击面前，任何系统都无法做到绝对安全。对一些攻击者而言，网络战争拥有大部分战争所无法比拟的优势：匿名和低成本。这些特点被不法组织和蓄意报复社会的个人所青睐和应用。

各种设备和软件正加紧互联互通，包括云计算推广和各种不同系统的相互整合，连美国等技术先锋也防不胜防。当前趋势显示：各种软件系统与设备的深度联接会成为一种规范，会让当前脱机离线的系统也能远程接入。连上公交车、购买日用百货、进入会议室等日常活动，也将日益带有数字成分。随着社会愈益依赖软件，各种系统愈益联成网络，网络攻击造成的伤害等级也将随之跃升。

“恐怖分子当前活动特点是制造大规模伤亡，一旦他们认识到网络攻击造成的巨大破坏，现状可能随之改变。”

我们对互联网几乎没有什么选择。一种防范手段是建立互不连接的网络，尽管会降低效率，但面对网络攻击时会更安全。一些独裁政府已经采用此类做法，如伊朗正在建造“国内网”。但长期看，无论是团体还是个人，都将竭力采取一切手段摆脱电子跟踪，大搞离线活动。

恐怖分子下手的目标极其广泛，从军事系统到电力输送系统，再到通信和金融网络。与此同时，潜在攻击者也形形色色。截止到目前，使用网络武器的攻击者还主要是犯罪分子和蓄意破坏分子，纯属个人行为，但犯罪组织极可能会向那些居心险恶的政府和非政府行为体兜售他们的“服务”。恐怖分子目前活动的特点是制造大规模伤亡，一旦他们认识到网络攻击能造成巨大破坏，情况就会随之改变。

许多有核国家可能禁不住想要开发一种核装置，能一举破坏对手电脑网络连通能力。许多现行的系统无法在电磁干扰与辐射环境下工作。在这种情况下，核武器首先不是被用来伤害人类，而是抵御对手利用电子系统发起攻击的。这种核装置将应用于太空、海洋和近海的狭窄通道等对人类附带伤害较小的地方。

各国试图防止本国的公共或私人基础设施被其他国家或非国家行为体攻击，又将网络同其他削弱敌人攻击力量的能力整合在一起，以便发挥更大的战略与武力威慑作用，此时国家间的网络军备竞赛就可能登场。然而，网络武器究竟会在多大程度上决定未来战争的形态，谁也说不清。战争史学家们相信，网络力量终将证明会起到类似20 世纪初“起决定性作用”的空军那样的作用。然而，尽管空军在20 世纪的战争中大显威风，但始终未能达到狂热信徒所渲染的那样，成为单独决定战争胜负的力量。

在战场外，网络力量同样重要，能在信息科技领域促成大规模网络社会运动，进而产生巨大的经济、政治和安全影响。信息技术具有一种潜力，既让那些掌握信息技术且志趣相投的个体串联，使社会运动网络化，又使未来“自助式”革命变为现实。

合成生物技术也可能变成一把双刃剑，为“自助式”生物学家和“生物黑客”利用，成为一种潜在的致命性武器。随着成本降低、基因排序以及合成技术发展，研究者正抓住机遇，努力为该领域取得重大突破打下基础。早期的商业化举措已为生物领域的学术和商业研究提供了基本工具和低成本材料，生物学界已确立了一种宽泛的行业知识储备库准入制度与行业标准，打破了研究者使用时的既有障碍或“生物学壁垒”。这一方面为开拓研究领域注入动力，使有价值的创新与应用不断增多；另一方面也增大了有意无意将这种发展成果用作他途的风险。随着生物技术拥有更宽泛的全球基础，显而易见，追踪、管理和减轻“生物恐怖”乃至无意的“生物过失”会非常困难。

迄今为止，加强管理的政策举措主要集中在要求供应商报告产品情况。随着研究扩散，这种手段会白费功夫。当前趋势显示，技术应用远远跑在人们感到潜在风险的前面。我们并未提前强化规章制度以规避风险，获得生物合成技术的准入门槛较低，为个体或恐怖组织利用生物武器打开了方便之门，也增大了无意释放有害原料的“生物过失”的风险。

4. 潜在的战争新形式

如果未来国与国之间爆发冲突，它们很可能会使用更加多样的战争形式。未来在亚洲的战争（包括俄罗斯、中国、印度和巴基斯坦）除常规军事手段外，还可能会冒险使用核武器。若核扩散的趋势得以延续，未来在中东地区的冲突也会包含核对抗的成分。一些国家主导的组织（如真主党和哈马斯）在未来潜在的战争形态上处于中间层面，因为它们会把非常规战争手段与防空、防区外攻击武器的发展等新型观念结合在一起。

恐怖主义的未来

恐怖主义经历了19世纪80—90年代的无政府主义、战后反殖民恐怖主义运动、20世纪70年代的新左派等重要阶段，一些情况的出现正在终结恐怖主义的伊斯兰化倾向，预示着恐怖主义的宗教化浪潮正在消退，到2030年有可能完全结束。然而，由于恐怖主义并非由单一原因造成，所以不会彻底消除。惯用的术语“根本原因”会使人们对恐怖主义的动因产生误解，而正如一些学者指出的那样，一场森林火灾是由干燥的环境、火苗和风等多重因素共同作用造成的，这个比喻可以被用来理解恐怖主义产生的原因。

敌意减退

虽然“基地”组织和其他的一些恐怖势力都把美国当作一个明确的敌人，然而把美国视为“最大的敌人”的诉求正在减弱，美军即将从伊拉克和阿富汗撤出，这会在一定程度上减轻恐怖主义者将民愤引导到美国身上的压力。不久以后，唯一能够激发穆斯林对美国的愤怒的动因就只剩下“美国支持以色列”了。

道德复兴与世俗民主

阿拉伯世界的“起义”表明非暴力抗争具有道德和战略上的合法性。示威者以民主价值之名活动，而非借用宗教名义。

“假想战争”的消失

虽然战争是真实的，但它也是在基本价值理念之下根据敌人与冲突的叙事方式而假想出的一种情境。这种认知正在改变——甚至会迅速改变。新一代人观察世界的方式发生了显著变化，它们对旧有的叙事方式兴趣不大。

“基地”组织的核心在过去几年里已经被削弱，目前这些穆斯林头目收缩了自身宽泛的诉求。阿富汗战争重创了“基地”组织的老巢，使其被迫转移到巴基斯坦这种艰苦、狭小的环境中发展，美国还攻击并击毙了许多“基地”组织头目。短时间内，“基地”组织核心仍然有能力发动袭击，有些学者指出，20

世纪七八十年代德国的巴德尔—迈因霍夫团伙和当前“基地”组织面临的困境相似，但它仍然策划了多起恐怖活动。然而，一些“基地”组织分支和其他的伊斯兰恐怖组织应被视为更加严重的威胁。什叶派组织例如真主党将继续把恐怖主义作为达成目的的手段。就全球范围来看，未来的恐怖分子将来自于更加多元化的宗教背景，包括基督教和印度教。曾最早使用恐怖策略的右翼和左翼意识形态组织未来也可能会制造恐怖威胁。

国家掌控的恐怖主义

由于强烈的不安全感，许多国家仍会发展恐怖主义，继续利用恐怖组织。在区域或全球范围内，巴基斯坦和伊朗感到被更加强大的力量所威胁，所以它们寻求以非对称的方式维持自身力量、抵御攻击，利用恐怖组织作代理人、追求核武器是它们惯用的两大非对称手段。然而，国际上反对国家支持恐怖主义的正义力量已经显著增长，随着国际合作的增加，一国直接支持恐怖分子所需要的代价正变得越来越高昂。

未来会有更多的武器和目标

迄今为止，大部分恐怖分子把制造大规模死伤作为目标，但这种情况将会发生改变。未来世界充满着大量的漏洞：只有一小部分人能够理解网络的重要性，例如“黑客们”会将他们的服务卖给出价最高的人，这就使恐怖分子有了可乘之机。他们越来越淡化制造大规模杀伤性事件，而把注意力集中在制造更大范围的经济与金融破坏上来。

一直持续和已凸显的一系列军事竞争将最终塑造未来战争特征。分析这些竞争的形态及潜在的结局，都有助于我们定义未来安全环境的特征，了解蕴涵其中的任何可能的战争。

介入与反介入。美国投射海空军的能力与中国的拒止能力形成竞争关系。其结果将决定哪一方将获得东亚海空控制权，并影响到美国保护该地区盟友的能力。

谋核与去核。过去 20 年，美国和俄罗斯的核抱负各奔一方。降低核武作用成为美国安全战略追求的目标之一。与此相反，俄罗斯却正在追求新概念和能力，以提升核武器在其安全战略中的作用。其他的核国家，如巴基斯坦以及有拥核野心的伊朗和朝鲜，都视核武器为弥补自身安全弱点的有效补偿。

导弹防御与导弹进攻。对于国家或非国家行为体而言，便携式导弹扩散已成为现代战争的一大特征。这些导弹提高了精确打击和携带大规模杀伤性武器的能力，因能命中经济、能源、政治等关键基础设施以及军事目标而成为一大威胁。为防范此类威胁，一些国家正加大投入，发展多层导弹防御。这一昂贵的先进导弹防御系统是否对付得了敌方的弹道导弹、巡航导弹，还是个未知数。

信息优势与信息拒止。美国与北约盟国在战时一向靠获取情报的优势来确定攻击目标，使用精确制导武器，并保持有效的指挥与控制。未来的对手会阻止并削弱这种情报优势的能力，包括把战争扩展至外太空，这将对未来战争的结果产生惊人影响。中国努力研发反制美国情报优势的能力就是此类斗法的典型。

2030：海洋地理的重新定义

随着经济重心从西方转向东方和南方以及气候状况的改变，世界地理的焦点也随之改变。太平洋和印度洋海域成为增长最迅速的货物、服务和人员商业网络，这种趋势未来将进一步强化。随着资源竞争的强化，水下资源丰富地区将变成争夺的重中之重。

印度洋。虽然印度洋海域目前在影响全球安全的九大海域中排名第五（根据劳埃德海上情报部门的分类标准），次于北欧、太平洋、远东和地中海与黑海四大海域，但是这一区域正日益成为全球贸易的重要通道和地缘政治博弈焦点。它是重要的原材料（如铝、铬、煤、铜、金、铁、天然气、镍、石油、磷、钛、钨、铀和锌等）的矿床，对世界经济至关重要。该区域的渔业资源也是关乎粮食安全和地区民众生计的关键要素。

南中国海由于沿海国家在渔业资源开发、控制重要能源资源上的利益争夺加剧，国家间主权争议解决的难度不断加大。由于中国和一些东盟国家的诉求相互重叠，即使不爆发冲突，也会导致更多的交锋和对峙。沿海国家增大它们海域管辖范围的做法给所有海洋国家的军事和商业利益构成了威胁。

北极地区。到2030年，北部和西北部的通道每年有大约110天具备通航能力，大约有45天可以便捷通过。然而，对北极地区的商业利用取决于北极沿海基础设施建设的发展、统一的商业船只安全标准和完备的搜寻营救能力。北极国家通过北极委员会推动公共政策的出台，可以减少分歧，避免潜在的冲突发生。与此同时，气候变化及其相关议题（如北极冰川融化）将继续推动北极地区利益的全球化拓展。美国能源署估计北极地区蕴藏着全球22%的常规油气资源，但是开采这些能源的成本、风险、耗时都要比其他地区高得多。一系列相关国家都计划扩大科研投入，并投资添置破冰设备以增强它们作为北极行为体的合法性。

常规战与非常规战。从最近的阿富汗战争与伊拉克战争不难看出：常规的、国家主导的、有组织的军事行动与分散的、非常规的军事手段之间的比拼会持续下去。非常规打法并不新鲜，但把非常规战术与更先进的便携式打击武器结合起来的“混血儿”，将为战争打开一片新天地。

四、改变全局的因素之四：地区动荡的蔓延

未来几十年，几个地区的形势发展可能产生外溢效应，引发

全球动荡。中东和南亚最惹人注目，潜在冲突点一升再升，一旦爆发，不仅难以收场，而且还会祸及全球。其他地区的变局也攸关全球安全。日益多极化的亚洲缺乏地区安全架构的有效仲裁和缓解局势紧张，将对全球安全构成重大威胁，亚洲的动荡会对全球经济构成沉重打击。而欧洲实力减弱，聚焦内部，无暇他顾，应对周边地区危机的能力也将下降。从现在一直到 2030 年，撒哈拉以南非洲、中美洲和加勒比地区国家依然面临政权失败的风险，由此成为全球犯罪、恐怖主义网络和当地武装分子的避风港。

（一）中东：处于转折点

到 2030 年，中东将与现在大不一样。增长和发展乏善可陈、动荡连绵，潜在地区冲突在所难免。从人口统计学角度看，生育率下降的社会和经济影响，苗头初显，青年人口膨胀这一近期阿拉伯之春的驱动力将被人口逐步老龄化所替代。新技术开始向世界提供其他油气来源，中东经济只有走向多样化才能继续保持增长。当然，如同世界上其他新兴大国一样，人口稠密的中东国家也可能一展雄风，增强地区和全球影响力。

中东的未来要看地区政治发展。若当前的伊朗政权继续维持，并获得核武器，中东未来将大乱。沙特王室垮台会给该地区的经济带来严重灾难，而埃及兴起的激进伊斯兰政府将从多方面加剧地区乱局。伊拉克和叙利亚的种族和宗教分裂会让它们的边界形势乱成一团。与此相反，温和民主政府在这些国家上台，或巴以冲突达成突破性协议，就是一片大好风光了。

经与各位专家讨论，我们总结出决定该地区未来的六个关键因素，下面一一说明。

1. 伊斯兰政治力量掌权后，会不会趋向温和？

20 多年前，自阿尔及利亚选举，伊斯兰拯救阵线（FIS）当选遭到军人封杀后，伊斯兰政治势力便一直在逊尼派伊斯兰世界扩张。土耳其的正义与发展党（AKP）、埃及的自由与正义党（FJP）、突尼斯的伊斯兰复兴运动党、加沙的哈马斯，再加上利比亚和叙利亚的伊斯兰政党均有望获胜，中东政治版图正在发生一场深刻的变革。诸如在埃及的伊斯兰政党已经开始对中下阶层要求扩大安全网、在公共部门增加大量工作岗位并保留食品和能源补贴的呼吁有所回应，但这些政策是不可持续的。未来执政的伊斯兰政党会变得更加以市场为导向，提拔有商业头脑的年轻穆斯林兄弟会“新卫士”和其他懂经济的人。

随着时间的推移，市民社会逐渐成长，一直遭独裁政权扼杀的务实、有商业头脑、社会化的新领导层会得势，帮助政治实用主义战胜意识形态。

伊斯兰民主毋庸置疑将产生变异，政治色彩各有千秋。突尼斯各个伊斯兰政党彼此各异，但都将在此——后威权新时代，专注于赢得合法地位。在后阿萨德时期的叙利亚，城市的逊尼派很可能跟穆斯林兄弟会、宗教少数派、德鲁兹人、库尔德人等团体联合掌权。在40 多年前哈菲兹·阿萨德上台前，城市的逊尼派政党统治着大马士革，当时政权更迭、政局动荡如同家常便饭。20 世纪 60 年代的乱局可能再现于今日。在伊拉克，政府已显示出回到宗派主义的迹象，什叶派愿意和逊尼派阿拉伯人或库尔德人分享权力。

如果腐败和长期失业问题久拖不决，或者众多贫穷工人感到民选政府未能改善生活，可能会选择更激进的领导人。强硬的伊斯兰分子信奉保守宗教信条，为民众提供了一种与西方资本主义和民主截然不同的选项，可能在民众中拥有更大感召力。

2. 过渡政府能否防止内乱？

政府日益衰弱，宗派主义、伊斯兰教及部族主义崛起，长期动荡将成为中东地区的特征。伊拉克、利比亚、也门、叙利亚等国的日子很不好过。在这些国家，专制政权拉拢少数派，采取严厉措施，控制种族对抗，但宗派对立暗流涌动。万一伊拉克或叙利亚更加分裂，那么出现一个库尔德斯坦也并非不可想象。也门中央政府软弱，可能再次分裂成南北两个国家。即使不断发生分裂，由于贫困问题凸显，青年人口将从今天的2800万增至2025年的5000万，失业问题加剧，也门的安全问题也令人担忧。巴林的逊尼派和什叶派对抗加剧，也将成为一个战场，给海湾地区带来动荡。

随着时间的推移，暴力连年，民众对民主统治会厌烦，进而产生铁腕独裁者，以驱使这些国家远离自由民主。从地区层面看，陷入内乱和冲突的软弱政府不可能发挥强有力的作用，非阿拉伯国家，尤其是土耳其、伊朗和以色列，会成为主要玩家。

3. 中东国家能否理顺经济，驾驭全球化浪潮？

中东人口出生率正连年下降，但青年人口的膨胀将持续到2030年。与此同时，由于缺乏良好的福利体系，2030年前老龄化的人口将面临一场医疗保健危机。目前，仅有2%的全球对外直接投资流向中东，而中东除能源、旅游和房地产外，几乎没有什么领域能吸引外国直接投资。很多中东国家技术落后，中东还是世界上贸易和金融一体化程度最低的地区之一。虽然撒哈拉以南非洲的经济正在扩张，可为中东国家提供更多机会，但它们的传统贸易伙伴欧洲却正面临增长放缓。

“若当前的伊朗政权继续维持，并获得核武器，中东未来将大乱。”

富有的海湾合作委员会（GCC）国家处于可提供帮助的有利

地位：海湾合作委员会主权财富基金已在最近几年积累了相当庞大的资产，而且有越来越多的石油美元可能投资于当地和地区市场，如埃及、利比亚和突尼斯。此外，海湾合作委员会国家正把更多的石油加工为成品油或石化产品，以创造高附加值商品。对来自亚洲、欧洲和世界其他地区的投资者而言，海湾地区是一个有吸引力的地方。

尽管如此，如果通过开采页岩气和油田使石油供应大幅增加，能源跌价，海湾国家将面临严峻挑战。当年，油价每桶 67 美元时，沙特阿拉伯才能维持财政收支平衡，最近政府公布的数字则是每桶 100 美元才能维持财政收支平衡，表明预算支出上升很快，可能超过油价上涨速度。由于国内油价没有上涨，国内的石油消费将继续增长，到 2037 年沙特阿拉伯将逐步变成石油净进口国。

4. 伊朗将如何投射其地区影响力？

伊朗的影响力与核雄心有关。许多对话者认为，伊朗将停止发展核武器，但将保留发展核武器的能力。在这种情势下，沙特阿拉伯将从巴基斯坦获取核武器或核能力，看来核不扩散体系崩溃将不可避免。土耳其可能谋求核能力或依靠北约的保护来回应伊朗拥核。阿联酋、埃及，可能还有约旦，几乎肯定将开始能源领域的核计划，以确保一旦伊朗、沙特阿拉伯或该地区其他国家成为公开的核大国，自身也能活下去。一旦此景成真，中东将永无宁日。逊尼派和什叶派之间、阿拉伯和波斯之间争强斗狠，蔓延至该地区以外，形势便会动荡不已、收拾无望。

另一情景是，伊朗政权受到来自本国民众的压力，他们要实惠，不要核武器，不想付出被国际社会孤立的代价。最终，政权因精英内讧和群众游行而垮台。在这种情况下，德黑兰将更关注经济现代化，一个亲西方的、民主的伊朗以及一个更稳定的地区，将会出现。

5. 能否实现巴以和解并为地区稳定带来光明？

在国内，以色列的政治和社会分歧日剧。一些人依然希望回到 1948 年以色列作为一个各派林立的共和国时的状态，另一些人则主张宗教保守的哈勒丁派和定居者运动派发挥更大作用。一些对话者认为，这些分歧将于 2030 年之前到达顶点。以色列仍将在中东拥有最强大的军事力量，但面临来自伊朗的核战争以及低烈度战争的持续威胁。日益强大的阿拉伯公众舆论也会限制以色列的回旋余地，要想避免与阿拉伯对手间冲突轮番升级，远非易事。

巴以冲突解决，将在未来二十年对这一地区产生巨大影响。对以色列而言，永久解决冲突可为地区关系打开大门，这在今天是难以想象的。巴勒斯坦冲突结束将从战略上挫败伊朗及其抵抗阵营，随着时间推移，还将削弱民众对真主党和哈马斯等好战组织的支持。如果没有某种形式的解决办法，试图控制人口猛增但政治权利有限的巴勒斯坦和动乱不安的加沙地带，将搞得以色列焦头烂额。

许多对话者认为，巴勒斯坦在巴以冲突中日益壮大，而且冲突搞得双方疲惫不堪，巴以都不想无休止地斗下去。但“重返家园的权利”、非军事化和耶路撒冷地位等老大难问题不会在 2030 年之前得到完全解决，冲突也不会彻底结束。建立巴勒斯坦国，将通过种种非官方的独立行动（如众所周知的“步步为营，统筹单干”）获得实现。随着哈马斯从叙利亚和伊朗转向逊尼派阿拉伯世界，位于拉姆安拉的巴勒斯坦当局有望与加沙的哈马斯和解。巴勒斯坦的边界将在调整的基础上，大致沿袭 1967 年的划定线，或与以色列沿军事分界线互换土地，但其他问题仍得不到解决。

6. 君主国能否挺过抗议风暴？

沙特阿拉伯以及除巴林外的其他海湾国家能否挺过以“阿拉伯之春”为代表的抗议风暴，这将是一个重大问题。无论其他地区的油供应能力是否大幅提升，一旦沙特阿拉伯政局动荡，都将掀起轩然政经风浪。在这个国家里，相互对抗的群体可能会争夺权力，包括与穆斯林兄弟会有关的团体、激进伊斯兰极端主义者、政教分离者和什叶派穆斯林。就像在埃及一样，这里未来的政治过渡将是一团乱麻。其他逊尼派君主国不久也会发现处在压力之下，要么支持搞影响深远的政治改革，要么国内出现类似叛乱。在黎巴嫩、巴勒斯坦、伊拉克以及其他地方，沙特阿拉伯一直利用其影响力支持逊尼派联盟，一旦沙特有事，这些团体将受到明显冲击，可能会对什叶派和亲伊朗势力更加有利。

若海湾合作委员会的君主国能够挺过“阿拉伯之春”，受益最大的是约旦和摩洛哥这样最脆弱的逊尼派君主国。同时，也将确保海湾合作委员会的地区影响力，它们会为处于过渡期的埃及和叙利亚提供支持，大把花钱，最终挺过一劫。海湾国家与伊朗冷战升级，伊朗接近核门槛时会尤其如此。

更大范围的地区动荡			
类别	现状	趋势	驱动因素
中东	中东处于转折点，面临经济增长脆弱、长期动荡与地区冲突等各种可能性。	青年人口膨胀催生“阿拉伯之春”的力量，几乎确定将被人口老龄化所取代，面对世界其他地区的新能源技术和产品，中东经济要走多元化。	伊朗拥有核武，中东大乱，沙特王室稳定堪虞；埃及出现激进伊斯兰政府；伊拉克和叙利亚内部分裂，并破坏现有边界。

续表

更大范围的地区动荡			
类别	现状	趋势	驱动因素
南亚	经济增长缓慢、青年人口膨胀、食品价格上涨以及能源短缺，巴基斯坦与阿富汗面临严峻挑战。社会不平等、基础设施匮乏、教育落后是印度的软肋。	三种可能的场景：转危为安；激进伊斯兰主义得势，破坏性力量走上前台；巴基斯坦与阿富汗社会政治分裂。	区域内贸易会有利于印巴互信。巴支持的孟买式恐怖袭击触发与印冲突。战略目标各异，互不信任，建立有关阿富汗的地区安全框架困难重重。
东亚	经济高速增长，权力转移明显，民族主义以及雄心勃勃的军事现代化遍及中国、印度和其他国家，地区竞争加剧。	地区趋势朝两个方向变化：经济靠中国，安全靠美国以及彼此抱团。	法治和更加透明的军事现代化，将减轻他国对中国的安全担忧。但中国衰弱也将使北京更加不可捉摸，甚至咄咄逼人。
欧洲	国内生产总值、贸易额、跨国公司数量或者技术能力，不论按哪种标准看，欧洲仍然是重要一极。	经济逻辑要求加强一体化，公众期望维持独立国家联盟，相互冲突，一体化举步维艰。	大量的主权转移或许为时尚早，但欧盟可能团结一致，避免重大政经动荡。
范围广泛的地区动荡（续）			
类别	现况	趋势	驱动因素
撒哈拉以南非洲	年轻人口增长、城市化快速发展以及中产阶层壮大，这些大潮将决定大多数非洲国家发展轨迹。至少一些国家，特别是在萨赫勒和非洲之角的国家，将受到资源匮乏的严重挑战。	多数非洲国家面临从中度到深度的动荡威胁，但治理、资源管理改进和经济多元化会为稳定打好基础，而萨赫勒地带、刚果（布）或刚果（金）和索马里则会是最脆弱的地方。	非洲人将无需改变传统体制，从发达世界选择公认最好的路径和技术，但寻租行为、任免权、民粹主义和腐败可能诱惑很多人挑战长远规划。

续表

范围广泛的地区动荡（续）			
类别	现况	趋势	驱动因素
拉丁美洲	拉丁美洲和加勒比地区过去十年经历了影响深远的变革，经济持续增长，但利益分配仍旧不公。	国内生产总值年均实际增长4%，中产阶层队伍壮大。妇女、原住民和少数族群经商参政日众，他们当中的很多人受益于更多的教育机会和医疗服务。	世界经济增长步伐是一个关键因素，影响对拉丁美洲货物、劳工和其他服务的需求。第二个关键因素是拉美在多大程度上会加大教育投入、开放市场、提升法治和治理能力来追求财富。
俄罗斯	经济是致命弱点。财政预算严重依赖能源收入；经济现代化进步小；劳动力的日益老龄化将拖累经济增长。	俄罗斯需要改善外国投资环境，并为工业制成品出口创造机会。	俄罗斯靠近西方与中国，有助于其成为一个更稳定和更富建设性的全球行为体。而生活水平下降则会煽动起民族主义情绪，俄罗斯有可能成为一个负面角色。

（二）南亚：冲击即将来临

和中东一样，今后15—20年南亚将面临一系列内外冲击。气候变化带来水资源紧缺等恶果，加之经济增长放慢、食品价格飞涨、能源短缺，巴基斯坦和阿富汗政府将焦头烂额。两国年轻人口剧增，规模与许多非洲国家相似，经济增长又慢，两者叠加，社会大乱即将逼临。印度得益于经济增长较快，处境稍好，但如何为庞大的年轻人口创造就业机会也是一大难题。社会不平等、基础设施差、教育落后，都是印度的致命弱点。印度还同样面临难以平息的农村叛乱，纳萨尔巴里武装造反派揭竿而起，夺地抢粮，国内安全堪虞。印巴快速城市化肯定会改变政治形势，传统农村地主土豪当家的局面将随着城市贫民和中产阶级的壮大而改观。

在南亚，所有国家内部事态总是受到邻国的深刻影响，导致安全感下降，军费开支增加。巴基斯坦核武库庞大且快速增长，巴公开宣称不排除“首先使用”核武器，目的在于吓阻和平衡印度的常规武器优势。印度担心由巴支持的孟买式恐怖袭击再现，造成众多伤亡，这会迫使软弱的印度政府动武，同时还伴随着核误判的风险。阿富汗可能变成未来印巴竞争的焦点，2014 年美国和北约部队撤出后，尤其如此。两国都拒绝让对方占据战略优势，让地区合作难上加难。推而广之，阿富汗所有邻国均是如此，不信任感弥漫，两头下注，要建立强有力的地区安全框架绝非易事。

另外，中国也加重印度的受威胁感，因为中国不仅为巴基斯坦“壮胆撑腰”，而且中国的地区全球影响也与日俱增。印度精英们担心，若经济不能从近期增速放缓中反弹，抓紧发展和实现科技进步，印度与中国的差距可能拉大。竞争日烈会导致大国冲突，其影响也不再局限于南亚地区，可能还会迫使美国和其他国家卷入。

三种可能的前景是：

1. 转危为安

关键看巴基斯坦能否与崛起的印度逐渐实现贸易正常化，继而实现经济可持续增长。经济环境改善将给进入劳动力市场的年轻人带来更多机会，削弱巴军队的吸引力，抑制伊斯兰暴力活动的蔓延。拓展地区内部贸易，对于构建印巴之间的信任也十分重要，能逐渐改变彼此的威胁感，还催生一批从持续经济合作中获益的既得利益部门。恰如从 20 世纪 90 年代初期起，中国的经济引擎改变了其与邻国的关系一样，印度强大的经济引擎也会给南亚的繁荣与地区合作奠定新的基础。再过几十年，巴基斯坦将成长为一个相对稳定的经济体，不再需要外援和国际货币基金组织的监护。巴军方对印度心有余悸，即便如此，两个核国家会找到相处之道，以免威胁到日益增长的经济关系。

“恰如从20世纪90年代初期起，中国的经济引擎改变了其与邻国的关系一样，印度强大的经济引擎也会给南亚的繁荣与地区合作奠定新的基础。”

许多对话者认为这种情境未免异想天开。关键是巴基斯坦要建立更有能力的民选政府，提高治理能力，例如改善税收和投资政策，以刺激新的行业、提供更多就业机会，并为现代教育提供更多资源。邻国阿富汗的崩溃很可能打乱民选政府的上述议程，增加安全担忧，导致以邻为壑。不过，印度向邻国开放贸易，放宽签证，可以减轻消极面，壮大支持改革的巴基斯坦选民势力。

2. 伊斯兰得势

巴基斯坦伊斯兰极端势力和阿富汗塔利班的影响将上升，出现“伊斯兰斯坦”局面。在巴基斯坦，未来十年，脆弱的政府将让伊斯兰极端分子占据更多地盘。伊斯兰极端势力影响上升的标志，包括对伊斯兰教法的极端解释得到更广泛接受，在居住区以“圣战”为导向的好战分子扩张实力，伊斯兰极端分子更多地控制地方政府。军方和伊斯兰极端分子之间的共生关系进一步加深。巴基斯坦走向伊斯兰化时，军方会对伊斯兰事业更加同情，结果是军方很可能会把一些领土控制权让给伊斯兰极端势力，且更愿与这些伊斯兰极端势力展开谈判。

3. 天下大乱

潜藏在该地区的所有毁灭性力量会浮出水面，如政府脆弱、失业青年剧增、食品和水资源奇缺，导致巴基斯坦和阿富汗社会与政治分裂。印度将被迫尽力防止好战分子渗透、克什米尔地区紧张局势升级、国内穆斯林民众走向极端。与在“转危为安”情境中印度提携邻国不同，在此情境中，印度将被邻国拖下水，扮演更重要全球角色也就更无从谈起。

（三）东亚：各种战略未来

经济快速增长、权力转移剧烈、民族主义抬头、军事现代化加速，这些现象遍及中国、印度和其他国家，强化而非减弱了新兴大国间以及它们与日本间的紧张与竞争关系。第二次世界大战后在亚洲实施了非常规安排，造成了朝鲜半岛和台湾海峡的持续紧张，历史恩怨会在亚洲地区扎根。对中国实力的担忧、整个地区民族主义情绪高涨，以及对美国是否会继续在亚洲保持力量的疑虑，都会在未来几十年加剧地区紧张态势。正如我们今天在中日、日韩、中韩、中印、中越的困难关系中所看到的那样，经济增长和相互依赖并未消除亚洲国家间的恩怨。

地区趋势很可能继续把亚洲国家推往两个方向：经济靠中国，但安全靠美国并相互抱团。1995 年以来，中国已逐渐取代美国成为日本、韩国、澳大利亚、印度等亚洲强国的最大贸易伙伴，但与经济相互依赖加强相伴随的是，这些国家选择同美国加强安全关系。虽然中国实行政治自由化，如依法治国、军事现代化更透明，可能降低地区国家两头下注的必要性，从而缓解安全忧虑；但直到 2030 年，亚洲国家经济靠中国、安全靠美国的模式还可能依旧如故。中国经济增长好于预期，转向创新和消费型经济也搞得不错，这将增大中国对整个地区贸易和投资的吸引力，提高中国作为亚洲头号外来直接投资国的地位。

另一种情形则是，中国经济严重或长期衰退，地区影响力下跌，外界担心中国内乱祸延地区。其他重大变化是南北朝鲜统一，随之在东亚出现疏远美国的战略组合。

“地区趋势很可能把亚洲国家推往两个方向：经济靠中国，但安全上靠美国并相互报团。”

随着全球经济重心转向亚洲，印度洋—太平洋地区正发展成为21世纪最重要的国际水道，正如古代的地中海和20世纪的大西洋一样。美国海军在世界关键海上通道的霸权，将随着中国远洋海军的兴起而衰落。这会以未经证明的假定来设问：中美两家谁最有资格建立海上联盟，来维持这一公用海域的安全，确保普遍通航自由。

从宏观层面看，未来数十年亚洲秩序可能出现4种类型：

1. 维持现状

在规则基础上合作，在地区框架内暗中较劲，美国领导的现存联盟体系不变。美国继续保持海上优势，联盟体系依旧支撑起安全秩序。如果这样，中国的“军事现代化”也好，朝鲜乱局也好，以及亚洲其他潜在安全困境，都会有所缓和，中国和朝鲜的强硬行为将明显收敛。亚洲的种种机制会扎下根，经济一体化会围绕太平洋展开，而不是搞排外的亚洲轴心。

2. 力量均衡

区内大国实力起伏、有升有落，美国地位下降导致大国放手竞争，美国退回孤立主义或经济衰退，对东亚联盟的承诺打折扣，充当安全保证者的意愿减弱。这为地区群雄并起、逐鹿东亚提供了条件。一些亚洲国家可能会发展并寻求获取核武器，以此作为弥补美国提供的安全弱化的唯一替代方式。

3. 趋于一体化

以中国的政治自由化为前提，东亚共同体沿着欧洲民主和平的路线演进。这种地区一体化以多元化垫底，保障小国独立自主。如此一个多元的、爱好和平的东亚共同体，可能需要美国继续充当安全保证者。

4. 中国当头

中国地区影响力扩张，形成一个以中国为中心的秩序，维持别具一格的东亚共同体。中国处于地区等级秩序巅峰，沿着封闭的亚洲排外主义路线前进，而非沿着开放的跨太平洋地区一体化发展——20世纪90年代初以来一体化的主要推动力恰恰是这股力量。

一系列意外因素：

如印度崛起失败，或日本认输，默认相对衰落，以中国为中心的秩序将更有眉目。如美国的亚洲核心伙伴能力或意愿不足以平衡中国，美国可能要走上前台，冒着与中国对阵的风险更多地卷入地区事务，以作为地区的平衡力量。

话说回来，最吃不准的因素还是中国出问题。我们在对亚洲战略未来的4种预测中对意外因素的考虑，对此踌躇最甚。即便中国没能成功转型成为一个更稳定和以创新为基础的经济模式，她仍是亚洲的一个头等“玩家”，可是快速崛起的影响力却将烟消云散。简而言之，中国可能因沿海发达地区与内陆贫困地区差距拉大，以及边远的西藏和新疆闹分裂而崩溃。在此情况下，中国可能变得更加不可预测，甚至变成更具侵略性的大国。而与某一邻国或美国，或在中—美邻国的冲突中吃了败仗，中国的地位会遭到削弱。另一方面，如果中国获胜，建立以中国为中心的地区秩序的可能性将有所增加。

（四）欧洲：自我转型

从多数指标（GDP、贸易额、跨国公司数量、科技能力）上看，欧洲作为一个整体，在2030年仍是重要一极。关键问题是，未来欧洲能否抱紧一团把劲使出来，这将在政治和经济等多个方向决定欧洲的未来。总体上，欧洲的未来具有很大的不确定性。

甚至在爆发空前的主权债务危机前，一体化还是各干各的，是分是合，两股力量争吵不休，使欧州天生就难以预测。作为“各国人民”的联盟，欧盟原来的目标并非融为一体。欧元区的危机一爆发，成员国间的争吵暴露无遗。有关欧洲未来的一些基本问题，几十年来首次被端了出来。尽管专家们对欧洲会是什么样子、扮演什么角色各执一词，但一致认为欧洲未来与今天会大不相同。

除当前危机外，欧洲经济正经受着巨大的结构性困难。过去15年，与其他发达经济体相比，欧洲生产力下降，科研经费一直较低，各国政府摊子铺得大，超过经济发展的需要；人口发展趋势也显示，劳动力人口正在萎缩，劳动力与非劳动力人口的年龄结构明显失衡。

经济学家们认为，欧元区缺少运转良好的货币区所应具备的诸多特征，如劳动力自由流动、财政转移支付顺畅、经济结构相似、文化水平相近、齐心协力等等。欧元问世头十年，核心国与边缘国，苦乐不均。大体说来，核心国繁荣发展，大规模资本涌进边缘，造成市场泡沫，失去竞争力，最终酿成主权债务危机。2010年开始，欧元区领导人一直在推进改革，引进解决危机的新手段，但解决危机和处理结构性问题需要提高一体化程度。而动真格的一体化“跃进”，却要求把主权大规模交给中央权力机构，自主权随之丧失，这又不得民心。民粹主义反欧盟政党的那一套蛊惑，民众听得过瘾，甚至在传统的亲欧盟成员国中也很吃香。可是，要更多一体化的经济逻辑，与民心渴望保持更多独立自主，两者背道而驰的逻辑相冲突拖了一体化的后腿。

以下，我们将谈谈2030年欧洲及其国际角色的三个前景：

1. 散伙

可能性很小，国际风险却很大。公司和家庭为应付货币机制改变，会迅速从国内金融机构提取欧元存款。此风一起并传染至其他成员国，核心国家经济受损不说，欧元首先崩溃，欧盟跟着散架，若恢复资本流动管制并控制边界人员及物资往来，势将危及整个欧洲单一市场和域内自由流动。经济乱套，政治支离破碎，公民社会坍塌。如果这种情景毫无预兆地突然降临，很可能触发一场全球衰退或又一次20世纪30年代般的大萧条。

“甚至在爆发空前的主权债务危机前，一体化还是各干各的，是分是合，这两股力量争吵不休，使欧州天生就难以预测。”

2. 萎缩

欧洲设法避免当前危机出现最坏结局，但未能推行所需结构改革。各成员国经受多年经济低迷，欧盟各机构依然运作，但民怨沸腾。欧元仍存在，但无法成为美元或人民币的对手。经济连年低增长，欧洲的国际地位大大削弱，各国重新按自身利益制定本国外交政策。

3. 新生

欧洲历史上曾多次经历过危机与复苏。当面临危机的深渊时，大多数欧洲领导人同意来一次“走向联邦的跃进”。若现状难以延续或大难临头，公众也会支持这么干。更加联邦化的欧洲，开头可能只包括一组欧元区核心国家，另一些国家或选择退出，或在一旁观望。随着时间的推移，尽管存在着“多速欧洲”，但仍会建成单一市场，经过更充分的民主协商，达成更统一的外交和安全政策。若如此，欧洲的影响力会上升，在世界舞台上欧洲和其他多边机构会扮演更显赫的角色。

（五）撒哈拉以南非洲：2030年时来运转？

许多非洲国家有机会获得巨大进步，其他一些国家也可能掉队，2030年会出现一个更多样化的非洲。非洲国家可以选择发达国家验证过的最佳道路和技术，而无需对传统体系进行伤筋动骨的改变，但寻租、找靠山、徇私情、民粹主义以及贪污腐败，可能引诱很多当政者急功近利，把远期规划抛置脑后。今天的非洲选举频繁，民主质量很低，根基很浅，面临倒退危险。

人口增长，但未出现老龄化、城市化快速发展，中产阶级有所扩张，这些大趋势将对大多数非洲国家的发展轨迹产生深远影响。但至少有一些国家，特别是气候变化威胁下的萨赫勒（Sahel）（指非洲大陆撒哈拉以南、热带草原以北的干旱和半干旱的地理带）和撒哈拉地区，将面临资源短缺的严峻挑战。全球其他地区迅速老龄化，非洲年轻人多，将日益弥补全球劳动年龄人口下降。不过，在最贫困的地区，个人能力的增长步伐刚刚启动，非洲在引进现有技术和新技术方面依然在追赶世界脚步。

那些提高经济治理和管理能力的国家，将借助相对年轻的城市人口所带来的较高生产效率促进经济增长。新的技术、法律框架、贸易和投资激励措施，或使粮食和能源生产以及水和资源管理更见效。那些不顺应人口结构变化并无力满足公众期望的政府，将面临动乱日多、犯罪日增和向外移民日众的局面，尤其是人才外流。教育将是决定非洲未来的决定性因素。目前在非洲，国际中既能保证入学率又能保证教育质量的国家仍为数不多。提供电力、建设基础设施、改善与稳定政策体系、提高工人技能、维护国内安全、为私营部门发展和创业开路及堵死腐败漏洞，凡此种种都是至关重要的因素。

大宗农矿产品出口国需要警惕：全球市场波动可能加剧，如果不努力使本国经济多样化，稳定的财政来源就会碰到大麻烦。发达国家由于技术进步，可能会减少对非洲碳氢化合物和其他矿物的需求。石油依赖型经济体，如安哥拉和尼日利亚，近年来享受的高油价可能难以为继。幸好非洲基本未受到最近国际金融危机的冲击，因为从私人借款者获得的资金非常有限。

到2030年之前，鉴于非洲在国际体系中的经济分量较弱，国际体系走向多极化权力分散，并不会提升非洲在全球论坛上的话语权。如果美欧发挥领导作用和提供援助的能力降低，各大国在解决非洲危机方面将很难达成共识，导致非洲需要独立应对地区威胁。就此而言，非洲联盟和次区域组织面临壮大的机遇。

非洲国家间以及国家内部的发展不平衡，让非洲仍面临暴力冲突上升的风险。大多数非洲国家已面临中高度的动荡威胁，但若政府治理、资源管理改善并实现经济的多样化发展，非洲就有机会变得更稳定。而萨赫勒地区、刚果/民主刚果、索马里都将是最脆弱的地区，亟需改善政府治理和资源管理。在某些情况下，追求个人权利以及对现代民主、教育和医疗的需要，无法得到满足而使希望幻灭时，将导致种族和宗教分裂，而不利于国家统一。若各国政府没有相应提升应对冲突的能力，除传统冲突外，犯罪网络和极端主义团体也将在各国内部和跨国间猖狂逞凶。

尽管撒哈拉以南的非洲地区正大踏步迈向稳定，但仍需外部大量经济与人道主义援助，以确保连绵不绝的冲突不致外溢到更广阔的地区乃至全球而引发更大的灾难。

（六）拉美：繁荣与脆弱并存

近十年，拉丁美洲和加勒比地区都发生了意义深远的变革，包括经济持续增长和贫困减少。通过自由贸易协定，包括《北美自由贸易协定》，推进了地区一体化，拓展到与多个区域以及区域外的自由贸易关系，尤其是加拿大、智利、哥伦比亚、墨西哥和秘鲁等国。伴随着4%的实际年均国内生产总值增长率，拉美的中产阶层队伍日益膨胀，妇女、土著人和少数群体也更多经商参政，许多人都从更好的教育和医疗服务中获益。但即使本地区的收入不平等现象近几年有所减少，上述那些政治和经济利益在整个拉美—加勒比地区的分配仍不够平衡。

另一个趋势是，毒品交易与团伙暴力犯罪蔓延，危及地区形势。但今后18年，一外一内两个主要因素将促使经济增速并提高生活质量。第一个是世界经济增长，这将刺激对拉美大宗农矿产品、货物、劳务和其他服务业的需求。中国已率先引发对拉美大宗农矿产品的需求，以致巴西和其他国家的许多专家都开始担心依赖过头。廉价的中国进口货也削弱了这些国家工业产品的竞争力，许多跟我们交换观点的专家都对拉美制造业的未来感到担心。

第二个关键因素是，拉美国家准确自身定位，投资教育、市场开发和改革、加强法制和执政能力，获得潜在经济收益。尽管国内生产总值平均增速降低到3.5%，但与更低的全球经济增长预测相比，2030年拉丁美洲地区的国内生产总值总额将达到9万亿美元，可能接近当时美国经济总量的一半左右。届时人口增长率降低，人均收入可达到1.4万美元，比目前几乎增加50%。同时，中产阶层日渐庞大，政治和经济期望势将上升，各国政府须做好准备。

若全球环境逆转，将会殃及某些国家。从战略角度看，会爆发重大危机，引发政局动荡，社会治安和跨国犯罪活动也会恶化；原有机制会被民粹主义政治活动破坏，地区一体化、贸易和经济增长，都会大倒退并蔓延至整个地区。在这种情况下，美国及其他外部力量对拉美紧急状况的干预会变得代价高昂。此外，在中美洲和加勒比地区，自然灾害频仍，值此全球经济环境恶劣之际，一些国家将岌岌可危。

即使在相对强劲的全球经济形势下，一些次地区，如中美洲和加勒比地区国家，也会难以应付安全和政府治理方面的挑战。食品和燃料成本轮番上涨，比较脆弱的治理结构将难以为继。近年来，墨西哥贩毒集团趁机大钻空子，日益利用中美洲转运毒品，严重削弱政府治理和法制管理。中美洲与本地区的其他国家不同，一直缺乏竞争力，靠美国市场吃饭，经济不可能增长到足以吸引外资并为庞大年轻人口创造就业机会的程度。

巴西却不然，将对本地区未来发展起到巨大作用。其资源和经济规模自成体系，具有他国无法企及的优势。然而，如果全球贸易和经济增速放缓，加上周边国家局势不稳，巴西的日子也不会好。同时，国内大城市犯罪率高，兼之基础设施脆弱，早已不堪重负，也无更多资金投向教育。今后15—20年，自然环境会决定巴西的命运，境内亚马孙河的水量占全球汇入大海的淡水量的20%左右，对全球气候影响重大。亚马孙流域干涸或滥伐森林可能改变地区水循环，摧毁巴西农业以及阿根廷的大部分农业。最近的模型显示，森林砍伐率达到20%时，雨林循环系统将到达临界点，而目前已经达到18%。

俄罗斯：潜在的全球角色

今后20年，俄罗斯在世界上扮演什么角色，要由国内和全球挑战来定夺。经济是致命伤，预算高度依赖能源收入、经济现代化努力乏善可陈、劳动人口的老龄化等会拖经济发展的后腿。

俄罗斯人口预计将从2010年的近1.43亿减少到2030年的约1.3亿。虽然俄生育率与许多欧洲国家类似，人口老龄化同样拖累欧洲经济，但俄罗斯人的预期寿命比欧洲低约15岁。

2007 年以来，俄罗斯劳动力人口规模一直在下降，未来 20 年这一趋势也改善不了。

不过，俄罗斯最大的人口挑战很可能是：快速增长的穆斯林人口与日益萎缩的俄罗斯族人口此消彼长。俄罗斯现有约 2000 万穆斯林，约占俄总人口的 14%。到 2030 年，该比例预计将增长到约 19%。俄罗斯种族结构的变化，似乎已造成日益严重的社会紧张局面。

为改善经济前景，俄罗斯需要优化外来投资环境，为工业制成品的出口创造机会。加入世界贸易组织可添加助力，帮助实现经济多元化：根据一项预测，还可推动经济大幅增长，短期内 GDP 增长 3%，长期则可带动 GDP 增长 11%。

未来 20 年，俄罗斯与西方和中国的关系也将确定俄罗斯能否成为一个更加稳定和更具建设性的全球“玩家”。有三种可能的前景：

1. **伙伴**。是权宜安排而非价值观契合。几个世纪以来，俄罗斯在与西方及其他外部世界打交道时摇摆不定的矛盾心理，仍然是导致俄战略方向模糊的根本原因。

2. **摇摆**。未来 20 年，俄仍将与其他大国保持摇摆不定的关系。如果俄重建军事实力，走这条矛盾踌躇之路可能会惹来更多麻烦。

3. **闯祸**。成为最爱惹是生非的国家，动不动凭借军事优势，压服邻国。当民众度日维艰，经济前景暗淡，满腔怒火，领导人便来这一手，煽动国内民族主义情绪，对周边国家采取了强硬行动。

五、改变全局的因素之五：新技术的冲击

未来 15—20 年，新兴市场国家的经济增长将不断刺激全球

的技术创新。

技术重心由西方向东方和南方的转移已经开始。公司、观念、企业家及资本，从发达国家向发展中国家的流动势头方兴未艾。跨国公司将焦点集中在增势迅猛的新兴市场，而中国、印度、巴西及其他新兴经济体的公司则在国际上大展拳脚。未来15—20 年，更多技术活动很可能向发展中国家转移。转移的速度要看发展中国家能否获得风险资本、保护知识产权的法治情况如何，及国内公司是否一心做大做强，在国际上出人头地。

到 2030 年，以下 4 种技术领域将塑造世界经济、社会和军事发展：信息技术、自动化与制造技术、资源技术及医疗卫生技术。

信息技术正进入大数据时代。借助网络和云计算技术，数据的处理、传播和储存几乎没有止境，社交媒体和网络安全将成为广阔的新兴市场。

自动化与先进制造技术正改变大规模生产的商业模式，也在改变着中产阶级获得未来产品和服务的商业模式。中产阶级不断壮大，在发达国家及发展中国家举足轻重。亚洲制造商们已具备研发新颖的自动控制技术及先进的制造应用软件的竞争力，顺理成章地主导着许多新兴市场，正如中国近来在光伏面板上展露锋芒。

未来需要与**重要资源安全**相关的技术突破，以满足世界人口对食物、水和能源的需求。在该领域位居前沿的主要技术包括基因改良农作物技术、精确农业、滴灌技术、太阳能、生物燃料、提升采油率技术及压力萃取天然气等。

“……技术重心，由西方向东方和南方的转移……方兴未艾……”

最后，新医疗卫生技术将延长世界人口的平均寿命，改进体力与脑力上的不足，造福人类。

（一）信息技术

未来15—20年中，硬件、软件及其他IT技术将实现质和量的飞跃，传播范围扩大，对政府和社会构成重大挑战。必须找到方法，既掌握新信息技术带来的益处，也能处理好随之而来的新威胁。

与之相关的是，有三项新技术可能在2030年前影响我们的生活、工作及安全，即大数据技术、社交网络技术及“智能城市”。“智能城市”是指强化和安全的信息技术系统支持下的一系列与城市管理相关的电子信息技术。数据储存和分析上的优势将在北美引发经济繁荣，发展中国家在智能城市基础设施建设上的巨大投资将推动一系列城市管理电子技术的发展。

信息技术

技术焦点	现状	2030年前景	问题	影响
大数据技术	在许多大产业中应用了海量数据归类与分析技术，但汇集的数据数量超过了系统有效处理的能力。	鉴于软件和硬件的不断发展，将出现收集、分析和处理海量数据的新方法。	最不具确定性的领域是数据处理的速度问题。需确保一定的处理速度，机构才得以有效并安全地运用海量数据。	商业组织和政府将有更多的机会更好地“了解”其客户，而这些客户可能反对收集这么多数据。
社交网络	许多人使用社交网络，也找到网络的不少新用途。	不断发现的新用途将使社交网络进化。	服务供应商必须找到成功的商业模式以支持其发展，网络使用者不得不在保护隐私与使用网络间找到平衡。	社交网络可实现跨越地理边界的各种各样群体间的相互交流，这种交流可能是有用的，也可能含有危险。

续表

技术焦点	现状	2030年前景	问题	影响
智能城市	智能城市信息技术很不完善且效率不高。	新开发的城市将安装比较完善的信息技术基础设施，以保证其提供的各种服务正常运营。	只有很完整的系统才能最大化地实现智能城市的价值，对多数城市来说，这样一个系统因覆盖面过大、过于复杂及价格过高而无法承受。	对改善生活质量、增加商业活动和降低资源消耗十分有益。

1. 大数据技术

大数据包括一系列收集、储存、管理和分析“海量数据”并从中发现价值的新兴技术。“大数据”是指超大量的难以用常规工具管理的数据。一方面，数据储存和处理的新方法可帮助决策者解决经济和政府管理中的难题，实现更智能、更人性化的人机交流，提升知识的获取和应用，并大幅改进预测模型的准确性；另方面，先进的数据处理方法也可能造成信息滥用，成为政府压制人民的工具，无所不在的相关基础设施的维护费用高昂，且会成为复杂信息战的战场。

当前数据处理方法已成为商业、科学研究及情报和执法等政府服务中非常重要的工具。例如，大型零售商运用数据处理方法来整合客户的各种信息，如店内消费习惯、信用历史、网上冲浪历史、社交媒体上的信息及其个人基本信息等。通过这种整合，零售商们得以分析出客户偏好等潜藏的信息，以便更有针对性地为客户发送广告，进行其他种种更有针对性的促销活动。

零售商及其他行业也将数据处理技术广泛应用于供应链管理和后勤保障中。互联网公司也是数据处理技术的主要用户，网上搜索、定向推送广告、形象识别、语言翻译、自然语言处理及其他类似业务都必不可少地要用到数据处理技术。将数据处理技术应用到科学上，如气象预报、物理研究和太空探索等，可能会产生诸如电子生态学之类的新学科。

依赖于大型数据库和信息传递系统的政府服务部门，正将数据处理技术应用于这些数据库和系统整合。政府信息收集者作为先进的大型信息技术系统的主要消费者和使用者，目前管理着一些规模最大也最杂乱无章和多样性的数据库。当前的数据处理仍依赖于传统的计算，量化计算将是一个很好的解决方案，其在基础科学研发及密码学上的应用将对2030年的世界产生巨大影响。目前，该技术虽然仍面临巨大的技术挑战，但已在数个方面取得一些进步。

自从现代数据处理技术出现，数据库的规模就成倍增长。与此同时，管理这些海量数据库所需的知识积累、软件工具及最佳方法却没有跟上这种增长步伐。其结果是，在收集的数据量与适当消化处理这些数据能力之间产生巨大鸿沟，这个鸿沟还在快速扩大。理想情况下，人工智能、数据可视化等技术能在合适的时间为需要信息的人们提供合适的信息，而不会提供不相关或令人困惑的过量信息，从而实现最佳决策和行动。然而，这种状态在未来何时可实现甚至能否实现，仍具有相当高的不确定性。

“公民们……因惧怕陷入严厉且非人性的受监管的状态，而向其政府施压，要求限制或去除海量数据系统。”

同样不确定的是，未来政府或个人如何对待大数据技术。公民们，特别是发达国家的公民，因惧怕陷入严厉且非人性的受监管的状态，而向其政府施压，要求限制或去除海量数据系统。同样的，人们不喜欢包含个人信息的广告的过度骚扰，可能影响大数据技术的各种形式的商业应用。另一方面，许多独裁政府可能试图利用大数据系统来加强控制反对力量。

2. 社交网络技术

今天的社交网络技术可依据爱好、背景、人际关系和地域分布等因素，帮助个人用户与其他用户建立起在线社交网络。从许多方面看，作为将社交功能与个人网络使用结合在一起的社交网络，正成为互联网上的生力军。不同社交网络的网络群体和相互交流情况差别很大。普通网民开发出的社交网络新功能远超出网络服务供应商的初衷。社交网络有诸多创新应用，包括利用网络遥控家庭设备、实时管理饭店预订情况等等。分析家们普遍认为推特（及其他社交媒体）在“阿拉伯之春”抗议中扮演了重要角色。抗议者们利用社交媒体绕开政府监管，进行组织，传播信息。一些政府已采取应对社交网络的强力措施，同时利用社交网络来收集持不同政见者的信息。社交网络技术使人们能在传统媒体和政府渠道之外便利地进行沟通，还能进一步推动进步议程或犯罪议程，从而产生跨地域影响。

由于社交网络技术正成为网上的生力军，因此公司和政府将其作为重要工具，以获取个人和团体的有价值的信息，催生出方兴未艾的社交预测模型。这类模型应用于定向推送广告和反恐领域。社交网络还可能以新型服务取代当前商界和政府机构提供的服务，这些新型服务常能规避监管和现有法律。例如，社交网络可创造虚拟货币替代传统货币。

社交网络的使用者必须在保护个人隐私和应用网络间取得平衡，这种复杂性给社交网络技术的未来发展带来很大不确定性。总体而言，在社交媒体上越开放，个人所能使用的服务也越多。迄今为止，使用者们似乎一致认为使用网络比保护隐私重要，但未来可能会发生一些事件，导致大批使用者改变偏好，转而更重视隐私，从而从网络上抽走个人相关信息，导致服务供应商因缺乏使用者的必要信息而无法提供相应服务。另一个重要的不确定性在于社交网络业务本身。从其发展历史来看，社交网络的寿命相对较短。当使用者厌倦了一个社交网络时，就聚集到另一个网络，服务供应商可能因找不到赚钱模式和发展渠道而销声匿迹。“脸谱”已成为世界上最大的社交网络，有近10亿用户，但它在未来15—20年里能否保持领先地位仍是个未知数。未来主要的社交网络可能不是由公司或政府发起，而是建立在复杂的对等文件共享技术上的许多无政府的网络群体集合。对此，发达国家和许多发展中国家的政府都缺乏制衡方法。然而，中国和其他几个国家的政府可能会严格限制那些威胁当局控制信息流动能力的网络服务。

3. 智能城市技术

智能城市技术是指以信息技术为基础设立的一系列解决方案，能够实现城市居民的经济生产率最大化、生活质量最大化，而同时却消耗最少的资源、对环境破坏最小。在智能城市里，先进的信息技术能力是城市计划、管理、资源治理、城市基础设施、通讯基础设施、建筑设计、交通体系、安全服务、紧急救援及灾难响应体系的基础。只有在一个完整的体系中，这些能力才能实现价值最大化。例如，“城市应急平台”系统可为城市管理者提供实时全面的城市状况预警。城市平台整合来自城市各方面的数据，如监控交通、电力和供水系统等重要基础设施的摄像头和分布式传感器的数据等。城市平台还可提供有价值的预测，通过模型和模拟活动帮助城市更平稳地运行。智能城市技术也支持私营基础设施，并与这些基础设施相联接。例如，居民将通过他们的智能手机与智能城市基础设施有更多的互动，通过发送平台及时反馈或汇报重要信息，这方面已有一些应用。

“这种方法能实现新城市技术部署所能达到的最大效率。但如果新技术配置不当，也可能成为城市的梦魇。”

未来20年，各国政府特别是发展中国家的政府，在公共项目上的花费将达到35万亿美元之多。要最大化地保证可持续发展、生活质量和经济竞争力，各国政府就需要一些创新方法，整合安全、能源与水资源保护、资源分配、废品管理、灾难管理、建设与交通。这为开发信息技术、系统整合技术和可持续发展技术的公司及运营商提供了巨大商机。这些技术是大城市发展必不可少的。未来世界上的一些大城市将完全根据全面规划的设计蓝图而建，这能实现新城市技术部署所能达到的最大效率。但如果新技术配置不当，也可能成为城市的梦魇。大多数大城市需要将新技术和方法与现有的城市基础设施、社会和政府的现有框架相结合。这种方式不一定总有好效果，有时可能完全无效。无论是对于完全新建的城市，还是对需将新技术与老基础设施相结合的城市而言，新技术的渗透程度、复杂性和高耗资都是巨大的挑战。由于非洲、拉丁美洲，特别是亚洲中心城市在智能城市基础设施上投资巨大，从2030年开始智能城市创新的中心将不再位于欧洲和北美。

（二）自动化与制造业技术

随着过去20年制造业日益在全球铺展开来，一个由制造商、供应商和后勤保障公司构成的全球产业链已建立起来。新的制造和自动控制技术具有在发展中国家及发达国家改变工作模式的潜力。3D打印和机器人技术是这类技术的代表。然而，从现有趋势看，任何改变可能都相对缓慢。在发达国家，这些技术有提高生产率、解决劳动力短缺、减少工作外包的潜力，特别是如果能减少供应链环节，好处将十分明显。然而，在那些低端或半技术制造工人过剩的发达经济体中，这类技术会导致与工作外包相同的结果，加剧国内不平等。对发展中经济体特别是亚洲的发展中经济体而言，这类新技术将激发新制造能力，并进一步提高制造商和供应商的竞争力。

1. 机器人技术

当今，机器人技术应用于许多民用和军用领域。机器人系统的表现日益趋同于人类行为，这种表现可通过编程或远程操作而自动运行。机器人有比人类更完美的感官系统和机械能力，在执行常规任务时很理想。工业机器人已改变了许多制造环境，现在世界范围内每天都有超过1200万个工业机器人在运作。家用机器人为家庭除尘割草，医院里机器人在走廊巡视、分发供应品，美军有成千上万个机器人奋战在战场，新一代机器人正出现在服务业中，从事清洁、公共关系和设备维护等工作。

开发商们跨越了工业用机器人和非工业用机器人的界限，从而扩展了机器人的能力。虽然在改进机器人的认知能力方面仍有许多工作要做，但到2030年将出现许多具有未来色彩的打破常规系统的技术。这些机器人技术如果实现，那么在某些生产环境中完全就不需要人类劳动力。机器人制造的成本将低于将生产工作外包给发展中国家的成本，甚至在发展中国家，在电子产品等生产领域，机器人也可能取代一些当地手工劳动者，从而潜在地使当地工资水平保持在低水平。

军队期望在高风险的环境中使用机器人，以期减少人类暴露在此类危险环境中的机会，也减少在一些行动中使用军队的数量。在特定任务中快速部署军用机器人的能力，有助于在碎片化的多极世界里解决对军队资源需求更广的问题。医用和照顾老年人的机器人的自主性将更高，与人类互动的程度更好。然而，它们将只具有特定的功能，如手术或日常生活中的特定任务。机器人技术解决了老龄社会带来的一些问题。未来20年，在日本和韩国等特定国家，老龄社会的影响仍将最大范围地显现出来。

自动化与制造业技术

技术焦点	现状	2030年前景	问题	影响
机器人技术	机器人技术已在国防和制造业中广泛应用。	机器人技术将在某些领域取代人类劳动力，将出现无明确工业用或服务用界限的机器人。	研究人员必须降低机器人成本，提高其智能。随着机器人的普及，大众将对其影响进行详细评估。	完全自动化的成本将比使用大量人力生产或将生产外包到发展中国家更低。
遥控和自动交通工具	摇控和自动交通工具在国防、矿业和探测中已有应用。	无人机将定期监控国内和国际冲突、禁飞区和国家边境。	确保自动交通工具在人口稠密地区安全可靠运行是问题的关键。	恐怖分子可能利用无人机进行破坏。
3D打印	在汽车制造和航空工业中，已应用3D打印技术来制作模型或快速复制原型。	3D打印技术开始替代一些传统的大规模生产的产品，特别是高价值产品。	制约3D打印技术被接受的因素是材料质量和成本。	发达和发展中经济体都可从灵活、快速且定制化的叠层制造技术中受益。

成本问题既是机器人技术发展的动力，也是阻力。机器人很昂贵，但其高效快速地重复完成任务的能力、减少废料并使人工劳动成本最小化的优势，又为购买者省钱。制造商可以向用户出租昂贵的机器人，但必须大幅降低单位成本，这样才会出现大规模应用的情况。技术开发是非工业用机器人技术最大的障碍。研究人员必须克服机器人智能开发中的重要障碍，如让机器人理解

其周围的环境、了解可能发生的不可预测事件、与人类互动等。然而，新一代机器人的开发商和爱好者可能利用能够获得的现有技术，来制造新的机器人产品。这些产品有些具有潜在的危险性。这类非工业用机器人的应用，许多是在当今的发达国家构思并走向商业化的，但媒体对这类应用给予了前所未有的关注。公众反应也会影响非工业用机器人技术的发展。

“医用和照顾老年人的机器人的自主性将更高，与人类互动的程度更好。然而，它们将只具有特定的功能……”

2. 自动化交通工具

今天，遥控及自动化交通工具在军队和偏远地区的特定工业中应用最多。矿业公司正使用遥控及自动化交通工具来提高安全性、降低成本、增加效率并解决技术工人短缺的问题。遥控交通工具既指可遥控的传统陆地、海上及空中交通工具，也指炸弹处置机器人和有缆潜水器等专业性移动遥控机器人平台。遥控交通工具使用无线电频率传输、缆绳及相应的电子设备或液压驱动来控制，并配有照相机和其他用于监控的传感设备。自动交通工具则无须任何直接人工控制，其配备的传感器及控制软件可为其确定方向并避开障碍物。自动交通工具还可使用雷达或激光测距仪来通过全球卫星导航系统和地理信息系统探测物体和数据，以推进导航和机动。

自动交通工具能在军事行动、冲突解决、运输和地理探测等方面起到决定性作用，但同时带来难以解决的新的安全风险。无人机已用于间谍侦察和导弹发射。2030 年，无人机将普遍用于监控国内国际冲突、禁飞区和国家边境。配备照相机和其他类型传感器的低成本的无人机能广泛用于地理探测、精确农业和偏远电力运输线的巡查等。自动交通工具能够促进矿业和农业进入一个工业化的新时代，以满足来自发展中经济体的飞速增长的资源需求。自动驾驶汽车使城市地区不断恶化的交通拥堵问题得以缓解，降低道路事故，提高个人生产率（让其驾驶者从路面驾驶中解脱出来）。公共交通创新很可能在亚洲那些城市快速增长的地区涌现。然而坏的方面是，恐怖分子可能使用民用无人机作为轰炸或投放非常规武器的工具。

与自动交通工具相关的主要问题是，这类工具是否能安全可靠地运行，特别是在人口稠密地区。这在某种程度上涉及遥控交通工具。由于这个原因，世界上的大多数管理机构严格限制无人机应用于民用航空领域。无人驾驶汽车目前在公共道路上测试时，仍需一位专注的司机在必要时掌握方向盘。无人机的另一个障碍是人们能否接受它。看来，人们没有什么障碍就能接受办公室里出现的机器人，但要将人类驾驶的交通工具换成无人驾驶，促成这种转变却要困难得多。

“自动交通工具能改变军事行动、冲突解决、运输和地理探测等问题的结果，同时带来难以解决的新的安全风险。”

3. 叠层制造（ADDITIVE MANUFACTURING）

叠层制造（亦称添加性制造，是指一组技术，它能使一台机器在逐层堆积原材料的情况下进行生产制造）。叠层制造或称三维打印（3D Printing），已应用于消费品、汽车制造业和航天工业领域，用于制造塑料模型。到2030年，该技术因生产周期短，将取代一些传统的大规模生产，特别是在大规模定制的价格昂贵的生产领域。叠层制造机使用电脑辅助设计、电脑导引的激光、挤压机或打印机机头，通过逐层生产来制造一件物品。对于传统机器无法制造的复杂几何形状的物品，如内有空腔或内部需缺少一部分的物品，叠层制造机均可制造。叠层制造可使制造商省去最初建模和准备专业生产工具的费用。通过对物品或人体的表面进行激光扫描，就可成为叠层制造中电脑辅助设计的原型，或诸如 CT 扫描、核磁共振成像等医疗数据等录入电脑辅助设计系统，就可制造出与人体骨骼或内部器官具有相同形状和功能的产品。

叠层制造使低成本的生产和出售三维物品的网店相结合成为可能，从而使生产制造走进寻常百姓家庭，产生类似个人电脑和因特网问世早期时的效应，使个人和小公司就能造成大影响。叠层制造技术将引发无数微型工厂问世，它们类似于工业革命前的手工业作坊，只不过具备的是现代制造能力。这类本土性的微型工厂可生产大量产品，特别是那种传统上运输费用高昂、运送周期长的产品，从而缩短并简化供应链。

叠层制造使为本土消费者设计和打印产品成为可能，从而降低了昂贵的进口费用，发展中国家将成为主要受益者。叠层制造也为那些最初落后的国家铺平了道路，因为这种制造技术不像传统制造业那样需要较高的工业基础设施。同时，叠层制造也可能在世界许多地区减少传统制造业的就业机会。

叠层制造生产的产品不那么精细，这限制了该行业的发展。开发商能否以低廉的价格大批生产足够坚固的零部件的能力仍很不确定。现在以 500 美元可买到一台三维打印成型机，这种便宜的成型机生产相对低质量的产品，只适用于创意设计，还不适于大批应用。一台工业用成型机需耗资 3 万美元，生产高质量金属产品的激光打印成型机价格高达 100 万美元。一些成型机改进了金属或陶瓷产品的性能。但对低廉的三维打印成型机制造出的产品的需求还相对较少，且需要很高的知识储备和技术能力。叠层制造目前局限于生产不含电子、光学或其他功能要求的建筑材料。到 2030 年，建造商可能会在一个建筑中把电学部件（如电圈、天线、电池和储存器）与建筑部件合成一体，但这需要能够打印电子产品的配套设备。到 2030 年，预计可能出现打印血管或简单器官的成型机，但复杂器官的生物打印设备的问世仍仰赖重大的技术突破。

（三）资源技术

全球人口的增长和当前欠发达国家要实现经济发展，迫切需要技术进步，以便解决对不断增加的资源需求。包括精确农业、生产食品和燃料所需的基因改造作物等一系列技术，可提高农业生产率，进而影响食品、水和能源供应。

通过海水淡化和有效灌溉等新资源技术，能提高水资源的管理。此外，通过当前已成功的提升采油率的技术和使用水力压裂法实现天然气萃取，以及通过太阳能、风能和生物燃料等替代能源资源，也提高了能源的可用性。广泛普及的通信技术无形中使越来越多的受过教育的人了解这些与环境、气候和健康相关的技术。

资源与医疗卫生技术

技术焦点	现状	2030 年前景	问题	影响
食品与水				
基因改造作物	成功但有限的应用，尚有经济效益。	基因改造农作物技术将扩展到更多作物类型，并使相应特性转移到这些农作物上。	最大障碍是基因改造农作物研发及市场化的时间过长。许多政府对基因改造农作物的安全问题持保守态度。	基因改造农作物开发将提高产量，解决由气候变化导致的食品短缺。
精确农业	自动化设备只适合用于大型农场。	缩小自动化系统的外形、降低成本将促进其应用，从而提高单位面积的产量。	设备的价格和小型田地的适用性问题是主要阻力。	主要影响将是使发达国家的大型农业活动保持高产和改进质量。

续表

技术焦点	现状	2030年前景	问题	影响
水管理	微灌溉技术将水送到作物根部的有效率是90%。	水需求将更高。可能实现较廉价的地表水灌溉与精确农业相结合的情况，抗旱农作物的商业化也成为可能。	微灌溉太昂贵，在发展中国家无法普及应用。	居民、工业和农业用水供应的不足，将使世界上人口的一部分生活在供水紧张的地区。
能源				
生物能源	已证实从非食用生物群中获取能源的技术可行，但还不具竞争力。	非食用生物将持续不断地成为能源和化学原料的替代资源。	普及应用依赖政府政策。	如具有价格优势，则该技术将成为化石燃料的替代品。
太阳能	光电技术的增长潜力巨大，但有其局限性。	光电技术、储存技术和智能电网的进步，是实现太阳能与碳基能源产品竞争的必要条件。	研究集中于消除该技术带来的对环境的负面影响。	可获得的天然气和石油储备的增加，将阻碍实施积极的减排战略。
疾病控制	分子诊断学技术可识别一些疾病的患者和患病倾向。	基因排序使医疗保健更个性化。	个人进行诊断检验的费用必须降低，以便该技术普及应用。	将提高生活质量和人均寿命，也会导致老龄社会。
人类机能增进技术	现代假肢和体外动力骨骼为使用者提供有限的功能。	全功能肢体置换、增强视力和听力的手术将很寻常。	需提高对人类和大脑功能的了解，并改进便携式动力资源。	高昂的技术成本将使其只限于为富人、专业运动员和军队所使用。

中国、印度和俄罗斯等迫切需要重要资源的国家，可能率先

意识到将下一代资源技术商业化的实质益处。中国、印度和俄罗斯私营和国营的资源公司，将借助率先发展此类技术确立强大的全球竞争地位。除价格竞争因素外，未来 15—20 年里，社会接受度、政治方向和政治事件的解决办法，都将影响对现有或下一代资源技术的扩展和采用。

1. 转基因作物

在人口扩张和气候变化的世界里，转基因作物是提供足够且支付得起的食物和燃料的关键。借助于分子生物学工具，本已快速发展的对作物细胞基因的研究将在未来 15—20 年进一步发展，为增加主要食用农作物的产量提供重要的新方法。正在进行的有关植物主要特性与其基因结构关系的研究已取得成果。这显著说明，现代分子植物种植和转基因技术的应用，将在未来 15—20 年极大地加强世界的食品安全。然而，这些种植技术面临最严格的监管，承受着公众不信任任何新技术的压力，其中任何一种技术获普及应用的前景都相当不确定。

应用分子生物学技术的新进展，使科学家能够识别出每个农作物重要特性的基因。转基因技术将基因从一种植物种类转到另一种上，以产生一种具有新特性或改进特性的植物，这种技术将成为未来 15—20 年实现食品安全的最大希望。

通过转基因技术，科研人员已识别出几百种与农作物有用特性相关并最终能商业化的基因。然而，尽管转基因技术发展迅猛，但只有三种作物种类的少数特性被商业化应用，它们是抗杂草和抗虫的大豆、棉花和玉米。基因改造的土豆刚被加入上述名单。未来 5 年，基因改造的加拿大油菜和稻米也可能实现商业化种植。非豆类植物固氮技术和抗旱玉米的发展，很好地说明了当今基因改造作物技术应用的目标和进展。2012 年抗旱玉米获得了监管部门的许可，处于商业化种植的起步阶段。

“转基因技术是将基因从一种植物种类转到另一种上，以产生一种具有新特性或改进特性的植物，这种技术是未来15—20年实现食品安全的最大希望。”

从农作物中获得表达特定特性的具体基因信息是重要的第一步，但这并不能确保特定基因改造过的作物具有类似特性。要达到目标，研发部门需花费大量时间和金钱。要满足所有必需的监管要求，让一种新基因改造作物走向市场也需数年。迄今，尽管取得了监管部门许可和安全保证，世界上的许多消费者和政治代表们仍不相信其危险很小且足够安全。因此，基因改造作物在未来面临重大阻力。

2. 精确农业

精确农业是提高作物产量的希望所在，其能减少种子、化肥和水的使用，使对农田环境的负面影响最小化，提高作物质量。成本低、形式多样和自动化程度高、适用于多种农田形式和规模的精确农业的发展，即使是在面临资源短缺和环境限制的情况下，也可保证世界的食品安全。提高农田工具和农活的自动化程度是精确农业的发展趋势。未来5—10年内，自动拖拉机将可能在大型农场中发挥巨大作用，这代表着自动化制造业的长足发展。在10—15年里，技术进步和制造业水平将使农用自动化机械变得越来越小巧，农用机械的小型化使其可用于小片农田或农田的小片范围，由此实现更科学的收割，获得更高产量。主要问题是，在那些需要最大产量的发展中国家，人们是否买得起这些可用于小块土地的农用机械。

3. 水管理

水管理对全球食品安全至关重要，因为当今农产品的40%需用水灌溉，农业灌溉消耗了世界淡水供应的70%、全球淡水资源的60%。

要保持农业生产率的必要增长，就需要有效的水管理。即便海水淡化技术供应的淡水带来的成本已能让家庭和工业承受，但这种技术还无法以足够低的成本生产灌溉用水，因此在农业上还不可行。随着水短缺问题的不断恶化，采用增加用水效率的技术将是农民克服全球水短缺的唯一选择。这类技术包括精确农业、基因改造的抗旱和耐盐农作物、微灌溉系统和溶液培养的花房技术。

“微灌溉技术……可能是改进农业水管理的关键技术，因为其实现了高效节水。”

微灌溉技术已发展了 30 多年。它可能是改进农业水管理的关键技术，因为它实现了高效节水。虽然当前多将这一技术用于高价的蔬菜作物，但微灌溉技术适用于所有类型的作物。使用当前先进的微灌溉技术，浇灌到田地里的水量达 90%—95%，而通过沟渠浇灌到田地里的水只有 35%—60%，洒水装置也只能达到 60%—80%。不过，这种高效的技术价格不菲（每公顷耗资 2500—5000 美元，使用寿命是 10—15 年）。

尽管雨水灌溉农业生产了全球 58% 的谷物，但致力于提高其生产率的技术却很少。世界上靠雨水灌溉的地区大多贫穷、营养不良、水资源短缺、土地破坏严重、自然基础设施和金融基础设施匮乏。成熟且低廉的措施还没有被广泛应用。让更多的水用于浇灌而不是被蒸发的免耕与覆盖技术（zero-till and mulching）就是这类措施之一。能够提高雨水浇灌的农业产量、同时减少对地表水资源消耗的新技术，在未来将越来越重要。农业领军人物们也正在考虑通过储存地下水的方法增加水供应。

对水需求的不断增长，可能促使政府调整水价以鼓励节水。农民通常所付的水费只相当于工业和家庭所付费用的 1/10，因此农民的节水动力不足。尽管成本高，但在水田中不断应用精确耕作技术，以及在雨水浇灌的土地上种植基因改造的抗旱作物，由此带来的高产量也可提高农业的用水效率。

4. 生物能源

如果生物能源具有价格竞争力，在未来15—20年先进的生物燃料及其他源于非食用资源的生物燃料，将至少部分取代石油和当前源于食用作物的生物燃料。由非食用生物资源生产的生物能源将使世界能源市场发生翻天覆地的变化，也对提高食品安全至关重要。最新形式的先进生物燃料是纤维素乙醇，它产自农业和森林残渣、常年生的草和树等精细能源作物及市政固体垃圾等。其他能进入市场的生物燃料还包括附带生物燃料，它很易与现有的交通用燃料基础设施接轨。这类燃料包括：由发酵产生的生物丁醇和由藻类及基因工程有机体产生的可再生碳氢化合物等。

“由非食用生物资源生产的生物能源将使世界能源市场发生翻天覆地的变化，也对提高食品安全至关重要。”

为避免与食用作物生产发生冲突，研究人员正开发使用非食用生物做原料的技术。虽然生产成本高于从玉米中生产乙醇，但在几年后，一些大面积的纤维素乙醇原料作物将开始走进运营的轨道。当前，使用食用作物油、废弃食用油和动物脂肪为原料生产的生物柴油已快速被世界所接受和应用，特别是在欧洲。与藻类相关的研究显示，利用藻类制造能源的技术展现出诱人的益处，具有高生产率、利用不可耕种的土地进行生产、可利用各种水资源（淡水、海水和废弃水）及回收二氧化碳和其他废物等特点。

高价格是生物能源技术在商业上取得成功的第一道障碍，化石燃料能源的价格在未来的高度不确定性及电池交通技术的广泛应用，也影响生物能源的发展。此外，政府资金的坚定支持对生物能源技术的发展必不可少，而这是该技术长远生存的又一不确定因素。美国和欧盟对生物燃料实行积极的监管，持续要求减少温室气体排放。虽然一些先进的生物燃料技术能够达到这些标准，但成本高昂。这类技术也还没有在商业层面进行检验。

5. 太阳能

太阳能的发展潜力巨大。如果能取得价格优势，比从其他能源资源中生产的电力廉价，则太阳能将完全改变世界能源环境。由于政府补贴及价格下降，光电技术正被广泛用于电力发电。中国已成为光伏产品的领先制造者。

太阳热能技术也能用于发电。这种技术通过镜面聚集太阳光，然后在太阳光收集器中将其转化为热能，热能再被输送到熔盐之类的热能储存媒介中，然后汽化发电。由于热能储存比电力储存的成本低，太阳热能技术在太阳光不足时仍可发电。

然而，与以煤、天然气、核或风力发电相比，太阳光伏产品能否取得价格优势仍不确定。一些预测表明，在未来15—20年，天然气和煤发电的成本仍低于太阳能发电的成本。还有一些预测则称，未来5—10年在没有补贴的情况下，太阳能发电也将具有竞争力，与传统发电相竞争。同时，未来数十年间，预计将诞生新的高效的天然气发电厂，而且相应技术导致天然气供应增加，天然气的价格将保持低位。

太阳能是最丰富的可再生能源资源，理论上它在许多地区的供应量有超过现在所有其他能源的潜力，而且它对环境有益。尽管如此，实现其潜力面临巨大的障碍。如果政府在财政吃紧时取消对太阳能的资金支持和政策鼓励，在未来20年，太阳能就无法达到具有价格竞争力的水平，从而无法成为重要的竞争者，来与煤及天然气发电竞争。另一个障碍是，太阳能是一种间歇性资源，只有在阳光充足时才能发电。如缺少大电池或熔盐这类有效的能源储存器，太阳能将无法完全替代其他发电系统。此外，太阳能发电是一种依赖其他能源资源的混合体，当太阳光不充足时，它依赖天然气等能源资源发电。再有，如普遍使用太阳能来供电的话，将需要巨大的电网基础设施投资，来解决电在传输网络中多向流动的问题。

（四）医疗技术

不断提高的疾病治疗技术使全球人类的寿命得以延长许多，而人类机能增进技术将可能改变人类。特别是老年人和行动不便者的日常生活。

那些中产阶级人口大量增长的发展中国家，可能在人类健康长寿方面取得最大的成绩。虽然当前这些国家的医疗卫生体系可能比较糟糕，但到2030年，发展中国家预期将在人口长寿方面取得长足进步。许多在疾病治疗方面的领先创新中心可能出现在东方。

1. 疾病防治

疾病防治是指对传染和非传染性疾病进行有效的控制与治疗。当今，医生们作出诊断要排查具有类似症状的各种疾病，诊断结果要等数天时间，可能会耽误治疗而导致生命危险。因此，诊断及病菌探测仪器将成为疾病防治中的关键技术。未来分子诊断学的准确性将使医学发生翻天覆地的变化。分子诊断学的目标主要有：获取疾病或易染病体质的基因信息，具备监护疾病的物理表现的能力。基因排序技术发展迅猛，现在大约花1000美元即可检测一个人的基因组。

分子诊断学仪器将使医学发生革命性变化。不论对于遗传疾病还是对于由病菌导致的疾病，这种仪器都可在手术期间快速提供检测结果。随时可行的基因检测将加速诊断，帮助医生为每个病人做最佳治疗。这种个性化的医疗将降低医疗费用，减少医生开出无效药物的机率。此外，这类检测的费用不断下降，将促进积累更多个体的基因组并作出分类，这将使人们更多地了解疾病基因。诊断治疗学是一种将诊断与治疗过程结合为一体的方法，它可能成为疾病治疗的一种重要方式，通过缩短病人的康复时间来降低住院费用，还可降低因侵入性手术导致的并发症。合成生物学上的进展将可能诞生制造新诊断和治疗产品的工厂。再生医学几乎可以肯定将取得同这些诊断和治疗上的发展同样的成就。例如，到2030年，肾移植和肝移植等器官移植将很完善。

新疾病治疗技术将使世界上的老龄人口更长寿，并提高其生活质量，从而使许多国家的人口结构更高龄（但是健康）。然而，在那些未实现全民医保的国家中，穷人却享受不到这些疾病治疗技术带来的益处。

尽管基因测序的费用在飞速下降，费用问题仍是预防性分子诊断技术成为常规检查的最大障碍。降低个人做检查的花费，比降低诊断设备本身的费用更重要。从昂贵的生物试剂转向硅基分子诊断方法将进一步降低基因检测的费用。当今基因库的缺点是已知的与疾病相关的基因的数量还不够多。协同技术，如电脑处理能力和海量数据储存与分析能力，将对管理从基因测序中收集的巨量数据至关重要。考虑到电脑技术仍在高速发展，电脑将不会成为制约医疗技术的因素。制约因素将来自政治方面，因为要求政府对诊断检查作出批准将会造成诊断的延误。

2. 人类机能增进技术

横跨多个技术领域的植入、修复学及动力体外骨骼等，这些人类机能增进技术可增强人类的固有能力，或替换缺失或失效的功能。例如，换掉损坏的肢体。假肢已达到与人类肢体功能相当甚至略有增强的水平。以脑植入形式实现的脑机接口技术使直接联接人脑和机器成为可能。军事机构正在对一系列增强技术进行实验。例如，体外骨骼技术使人负载更多，精神刺激剂使人保持更长时间的战斗力等等。

人类机能增进技术可使人更高效地工作，进入原本无法进入的环境。老年人可从动力体外骨骼技术中受益，安装动力体外骨骼者可在其帮助下行走、提物，从而改进老年人的健康状况，提高其生活质量。成功的修复术可能会实现让其与使用者的身体直接融合。脑机接口技术能够提供“超人”般的能力，增强力量，提高速度，提供原本不具备的能力。

“人类机能增进技术的费用高昂，因此，未来15—20年只有那些有能力支付其费用的人才能使用该技术。这种情况可能会导致出现两层社会……”

随着置换肢体技术的发展，人们可能会像今天做美容手术一样选择增强他们骨骼的手术。未来，视网膜植入术使夜视能力增强，神经增强术可增进记忆力或提高思维能力，神经药物学将使人的注意力维持更长时间，或提高学习能力。增强现实系统将使人对现实世界的认知能力放大。机器人和虚拟形象技术相结合，再以传感器的形式反馈给操作者，为其提供触觉、嗅觉、听觉和视觉。

人类机能增进技术费用高昂，因此，未来15—20年只有那些有能力支付其费用的人才能使用该技术。这种情况可能会导致出现两层社会：增强人与非增强人。这便产生了如何管理的新课题。此外，该技术必须保持足够的活力，才能免受该技术被限制或被干扰的影响。为了提高人类机能增进技术的实用性，协同技术的发展也必不可少。例如：电池寿命的延长将极大地改进体外骨骼的应用；对人类记忆和大脑功能的研究进展对未来脑机对接技术至关重要；生物适应性更好、更灵活的电子产品的发展，将使其更好地与人体融合，创造或增强感官知觉。人类机能增进技术将不可避免地产生道德与伦理问题。

六、改变全局的因素之六：美国的角色

今后15—20年，美国会如何变化将是一个巨大的未知因素。这将是影响未来国际秩序的头等变量之一。与崛起国家相比，美国经济相对衰落不可避免，而且已经发生，但如何评估美国在未来国际体系中的作用，却并非易事。美国实力在国际体系中的存在延伸是很重要的，短期讲是对体系内公共产品（特别是安全）的需求；更远一点看，从当前到2030年这段时间内，伴随着地缘政治的巨变，国际体系将面临日益增长的不确定性，需要美国积极参与其中。甚至到2030年，国际体系向多极世界的转型将仍未完成，世界最终形态仍远未确定。

在这个长时段的转型过程中，美国经济的恢复提高了国际体系应对重大全球挑战的能力。但是，美国再强大，单枪匹马也应对不了日渐繁多的全球性挑战，在这个权力迅速扩散的世界里，尤其如此。反过来看，如果美国虚弱，只顾招架，国际体系就会更难处理重大全球性挑战了。

（一）稳定的美国角色

美国在国际政治中的主导作用来自于其在实力各个方面的优势，其中既有“硬的”，也有“软的”。美国在全球经济中所占的比例从20世纪60年代以来就稳定地减少，但从21世纪开始以来，伴随着中国在世界经济中地位的上升，这种下降更为迅速。尽管如此，美国仍然是世界上最为开放、创新力和灵活性最强的国家之一。虽然美国人口只有不到世界的5%，但在2008年，美国的专利申请量达到世界的28%，并拥有全球40%的最

好的大学。美国的人口变化趋势与其他发达国家和一些发展中国家相比确实具有优势。美国的实力还来自于大量的移民涌入，以及美国能够融合移民的非凡能力。

美国的产业也将受益于国内天然气产量的增加，这将降低许多制造业企业的能源成本。随着时间推移，国内能源产量的增加将能减少美国的贸易赤字，因为美国可以减少能源进口，还可以出口天然气和石油。国内能源产量的增加可以刺激国内就业。

“美国力量的多面性特点，使得美国即使在经济总量上被中国超越——根据一些预测可能最早发生在21世纪20年代——也仍然能在2030年保持世界大国中‘诸强中的第一’（first among equals）的位置……”

美国力量具有的多面性，使得美国即使在经济总量上被中国超越——根据一些预测可能最早发生在本世纪20年代——也仍然能在2030年保持世界大国中‘诸强中的第一’（first among e-quals）的位置，这是由于其在实力的诸多方面居领先地位，并保有其作为世界领袖的遗风。尽管如此，随着其他大国的快速崛起，“单极时刻”（unipolar moment）已经过去，“美国治下的和平”——自1945年以来在国际政治中存在的美国具有无可匹敌的优势的年代——正在迅速终结。第161—162页的图表显示了2030年领先国家的相对力量和基本要素的概况。

前进过程中一种不同的态势。

美国面临着一个顽固的经济挑战——它并不像2008年金融危机之前那样可以清楚地预见——需要进行广泛的结构性改革才能避免其经济地位的快速衰落。健康保险既昂贵又低效：公共和私人的人均医疗开支比经合组织中开支第二高的国家高出50%。随着人口老龄化，这些支出预计会快速增加。中等教育很差，15岁的美国学生在包括许多发展中国家的65个国家的调查中数学排名第 31 位，科学排名第 22 位。美国教育与世界其他国家相比的优势在过去 30 年中下降了一半。如果没有大幅度的中小学教育的改善，未来的美国工人——他们一直享受着世界上最高的工资——将只能越来越甚地在工作中表现出平庸的技能。

“如果没有大幅度的中小学教育的改善，未来的美国工人——他们一直享受着世界上最高的工资——将只能越来越甚地在工作中表现出平庸的技能。”

美国的收入分配与其他发达国家相比相当不平等，而且每况愈下。虽然最高端 1% 的美国人的收入在飙升，但自 1999 年以来，家庭中位收入（median household incomes）一直在下降。与大多数其他发达国家相比，美国的社会流动性更低，而相对贫困率则更高。虽然劳动生产率很高，竞争力很强，但过去 30 年美国经常账户积累的赤字达 8.5 万亿美元，反映的是极低的家庭储蓄率和高政府赤字。

美国运用自己全球性权力的环境已经发生了很大的变化：这不仅是美国的相对经济衰落，而且是作为华盛顿长期以来的伙伴的西方的衰落。多数西方国家也都经历了严重的衰退，而发展中国家在全球经济中所占的比重则更大了。第二次世界大战后时代的特点是七国集团——它们是盟国和伙伴——在经济和政治上发挥领导作用。美国的力量投射依赖于、受益于其与西方国家的强大同盟，这种同盟是在与法西斯主义及其后的共产主义的长期战斗中建立的。例如，通过北约，欧洲历史性地为华盛顿提供了许多关键的联盟伙伴。而即使在 2008 年之前，欧洲在安全能力上所受到的压力已经很明显了，欧洲已经开始进行实质性的防务退缩。

展望未来，不管人们设想出何种现实的经济增长的前景，虽然跨大西洋关系将继续是美国重要的财富，但七国集团总体上仍将在全球军事开支方面所占比重呈下降趋势。在一个经济发展速度不同的世界里，西方将继续面临严重的财政约束——这在可预见的未来是最可能的情况——非七国集团国家的军事开支将不成比例地增加。虽然美国将在2030年继续保持领先的军事力量，其与其他国家的差距将会缩小，而它依赖其历史的同盟伙伴的能力将更大地被削弱。

美国能否维持接近目前水平的国防开支的能力是一个严肃的问题。国防开支占美国经济比例下降的趋势已经存在了几十年了。美国在冷战期间平均将GDP的7%用于国防，而在过去十年中下降到了5%以下，即使加上伊拉克与阿富汗战争的费用。但是，对主要福利项目的开支——尤其是社会保障、医疗照顾和医疗救助项目——在过去几十年中快速增加。其结果是，如果没有重大紧急情况发生，这种历史性的趋势或者增加军费比例将很难扭转。随着人口老龄化和未来利率提高的前景，在不进行重大改革或大幅增加税收的情况下，福利开支的增长将消耗更大比例的联邦预算。[①]

美国实力：国际体系的关键

实力构成成分	现状	趋势	影响因素
经济	美国占全球GDP的比例在2005年之前基本是稳定的，目前是世界GDP（市场汇率）的24%左右，这使美国仍是占比例最大的国家。	但美国占全球GDP的比例将继续下降，以购买力评价计算，美国将成为世界第二大经济体。	中国和印度正以前所未有的速度发展（如果以全球GDP比例算，美国在19世纪的崛起速度要慢于两国）。

① 见辛迪·威廉姆斯：《美国国家安全未来的可支付能力》，未发表版，2011年10月28日。根据此项研究，按国会预算办公室的说法，为使联邦预算走可持续道路，GDP的6%需转为政府收入，或者不用在目前开支的领域。一项研究成果显示，可负担的长期国防开支水平应该在GDP的1.6%到2.6%之间，远低于目前的水平。

续表

实力构成成分	现状	趋势	影响因素
军事	美国能否维持接近目前水平的国防开支，是一个严肃的问题。国防开支在美国经济中所占比例下降的趋势已经持续了几十年。	用于主要福利项目的开支使得扭转军事开支下降的趋势非常困难。	七国集团总体上占全球军事开支的比例将下降。虽然美国将在 2030 年保持其军事力量的领先地位，其与其他国家间的差距将缩小，而华盛顿依赖其传统的同盟伙伴的能力将被更大地削弱。
政治	虽然单极时刻结束了，但美国仍保持领先地位。	没有与西方自由制度相竞争的其他选择，虽然许多崛起国家想减少美国的“霸权”行为。	美国面对不断增长的需求而战线过长的危险要大于美国世界领先的政治领导地位被取代的风险。
科技	美国仍是世界的领导，但华盛顿已经对教育和技能水平的降低越来越感到担忧。	中国大规模、持续的投资使其在 2030 年接近于成为与美国并驾齐驱的竞争者。	技术越来越被网络化，并成为国际性的产业。在关键领域的领导者将越来越多地需要与国际伙伴合作。
软实力	美国在硬实力和软实力上的领先优势使之成为大国中的特殊一员。	与其他国家的差距将几乎肯定会缩小，但中国不大可能在 2030 年在软实力上成为美国的对手。	美国融合外来者的能力将继续是吸引世界最好人才、确保科技和经济领导地位的关键力量。

2030年主要国家的权力构成要素

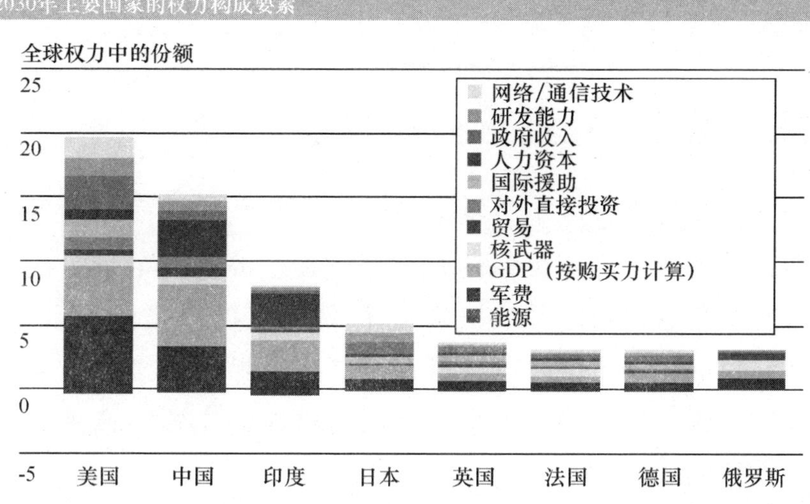

资料来源：国际未来模型。

在其他关键领域中，美国与其竞争对手的差距缩小、西方与世界其他国家的差距缩小这种类似的情形也存在。这种情形对美国在2030年的世界中所扮演的角色及其力量都有影响。2030年，美国将仍是世界上科技的领先者，但与中国、印度和其他国家间的差距将缩小。在顶尖大学的数量上，美国将继续拥有最多，同时亚洲的数量将增加，而欧洲的份额将减小。

在任何情况下，美国都将不得不应对越来越明显的权力分散，这种权力分散将使任何国家都不可能再行使霸权，正如我们在第一章所说的。权力已变得更具有多层面（这反映了问题的多样性），与具体环境的关联度更高（一定的行为体和权力机构与特定的问题更密切相关）。美国的技术财富——包括其在引领社会网络和快速通讯方面的领导地位——使其拥有优势，但互联网强化了非国家行为体的力量，并成为力量分散的关键因素。在多数情况下，美国的力量将需要通过相关的能够围绕特定问题集合起来的外部网络、朋友和合伙人来加强。正如前文所说，领导力将越来越是一种地位、接触能力、外交技巧和建设性行为等多种因素共同发挥作用的结果。

（二）美国全球角色的多种前景

美国将在多大程度上继续主导国际体系，这有很多差别很大的可能。历史上，许多类似的大国都在其经济甚至军事力量比其他国家弱小之后仍长时间扮演着主导者的角色。美国的经济在 19 世纪晚期超过英国，但美国只是在第二次世界大战当中才承担起全球性的作用。作为第二次世界大战后秩序的主要缔造者，美国将可能有长期的影响。

作为替代的秩序已经出现了吗?

国家情报委员会主办了几次与国际关系专家的研讨会，来审视新兴大国的世界观以及它们是否正在或将要谋求让国际秩序在未来二十年发生根本性变化。许多与会者相信，今天的新兴大国并没有类似苏联、日本帝国或纳粹德国那样要改变世界秩序的观点，即使它们与美国的关系有两面性。许多新兴国家谋求利用它们与美国的关系来促进自己的国家利益，形成自身的行动自由。印度把美国当成对抗中国崛起的对冲工具，巴西认为华盛顿是其崛起的支持者和地区经济稳定的保证人。

新兴大国可能对未来美国对他们的轻视感到特别敏感。“侮辱”和“尊重”这类词语在与会者的发言和交谈中反复出现，对于来自于那些地区的专家来说尤其如此。新兴大国在国际秩序中寻求更大的影响和认可的过程中，有可能与美国发生外交上的冲突。新兴国家中的精英和公众越来越对美国的“霸权”行为和广泛的国际干预表示反对。对他们中的许多人来说，多极世界一个吸引人的地方就是美国主导作用的削弱。维持和保护主权仍将是当务之急，尤其是在他们仍觉得自己国家在国际秩序中的地位还不牢固的时候。

从讨论中可以清楚地看出，与会者认为，对于多数新兴大国来说，它们在国际上建立运用能力和影响所必需的政治、军事和外交能力方面面临严重障碍。在许多方面，知识能力比军事力量更难以获取。随着这些国家力量的快速增长，它们将需要用新的方式来思考世界，并克服那些可能会阻挠它们发生转变的严重的国内局限。

与会者认为中国是个例外：美国和中国将产生竞争，但它们也需要合作应对共同的威胁和挑战，保护共同利益。这明显与冷战不同，冷战是以相互独立和意识形态对抗为特征的。对中国来说，首要的问题是它将继续存在于现行的国际秩序中，还是最终追求改变。对于哪种结果更有可能，大家意见不一。但是，我们的与会者同意如果中国寻求推翻国际秩序，那更有可能是中国内部和外部各种事件所促成，而非是一个宏大设计的结果。

一种乐观的前景是，美国将弥补自己结构性的弱点，包括教育水准的下滑、医疗保险成本的飞涨以及财政赤字的扩大。同时，在美国之外，欧元区将得以维持，这会在短期到中期消除美国经济复苏的一个重大威胁。新兴市场国家持续的繁荣会在2030年之前使世界中产阶层的人口数量增加10亿，这对美国的经济有利。这些新近富裕起来的消费者将需要教育、娱乐，以及由信息技术产生的产品与服务——美国在这些商品的生产方面具有优势。另外，作为全球的技术领先者，美国可能会由于医药、生物技术、通讯、交通和能源方面的创新而得到动力。例如，在页岩气和页岩油——两者在美国的储量很大——开采和应用效率方面的进步将给美国带来特别大的收益。

在这种乐观的图景中，我们可以预期美国的经济将以大约每年2.7%的速度增长，比过去20年的2.5%的速度更快。美国的经济增长反映的既是稳定的劳动力增长，也是技术的进步。平均生活水平也会提升——在这种乐观前景中几乎为 40%——可能会带动更大规模的社会流动。虽然美国经济的相对规模仍将下降——以实际美元计价，从 2010 年二十国集团生产总量的 1/3 降到 2030 年的 1/4 左右——但以市场汇率计算，美国经济将继续保持世界第一。但以购买力平价计算，美国经济仍将在 2030 年之前被中国超越。贸易也会向东方转移：美国占全球贸易的份额将从 12% 左右降到 10%，与此同时东亚的份额将可能会从 10% 倍增到 20%。虽然到 2030 年时中国的贸易增长将明显放缓，但中国仍将成为世界贸易的中心力量，并是多数国家最大的贸易伙伴国。

“一个重新振作起来的美国未必能包打天下。恐怖主义、武器扩散、地区冲突和其他各种对国际秩序的威胁，会由于美国是否发挥强大领导作用而受到影响，但也会受到它们自身变化的驱使。”

如果美国经济不能反弹，到 2030 年美国的增长慢到只有平均每年 1.5%，那将会出现一幅截然不同的前景——对美国和国际体系来说都是如此。更加虚弱的国际贸易和金融制度，加上美国国内危机的外溢效应，将会使其他国家的增长每年放缓大约 0.5 个百分点。更缓慢的经济增长将拖累美国的生活标准。如果美国被视为一个出现绝对衰退的国家，这种印象会让美国更难发挥领导作用。

1. 攸关国际体系的重大利益

美国经济重振的乐观情形会加强人们的期待，即不断增长的全球和地区挑战将得到应对。依赖于服务贸易和先进技术的更强大的美国经济对世界经济来说将是一个推动力，为更强有力的多边合作奠定基础。华盛顿会对世界贸易产生更浓厚的兴趣，有可能会领导世贸组织的改革进程，以进行新的贸易谈判，并强化对国际贸易体系的规则管制。美国将更有能力推动对中东民主化的支持，防范失败国家情况的恶化。在多个国家同时崛起——特别是印度与中国——的亚洲，可能会因此而产生更激烈的对抗，而美国可以扮演确保地区稳定的平衡手。然而，一个重新振作起来的美国未必能包打天下。恐怖主义、武器扩散、地区冲突和其他各种对国际秩序的威胁，会由于美国是否发挥强大领导作用而受到影响，但也会受到它们自身变化的驱使。

2010年—2030年的军费开支

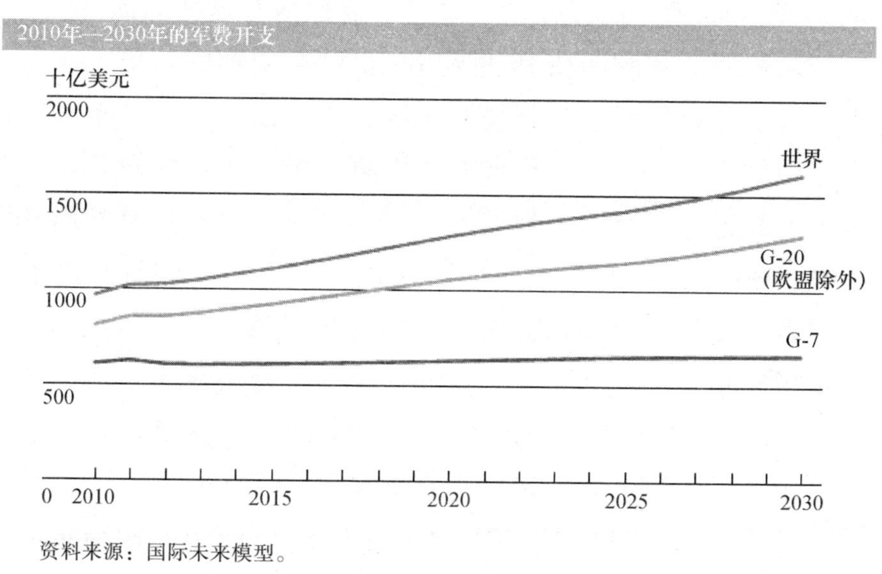

资料来源：国际未来模型。

在消极前景中，美国的影响更为明显。这种情况下，美国没有实现反弹，经济大幅滑坡，将会出现一个大的、危险的全球力量真空，并且是在相对短的时间里。在美国虚弱的情况下，欧洲经济崩溃的可能性增加，欧盟可能继续维持，但将是一个内部支离破碎的空壳。贸易改革与金融货币体制改革很可能受阻。一个更加虚弱、更不安全的国际社会将会减少援助行动，贫困和经受危机的国家只能自寻出路，这会增加冲突的广度和烈度。在这种情景中，美国将更可能将其影响力让给地区强国——在亚洲是中国与印度，在欧亚地区是俄罗斯。中东将被诸多敌对势力所撕裂，可能会爆发冲突，并造成油价震荡。这会导致出现一个类似20世纪30年代的世界，当时英国的全球领导地位发生了动摇。

2. 不同事态的发展也将影响美国的地位

美国在世界上的地位也将取决于它在帮助管理国际危机方面能取得多大的成功——管理国际危机是大国要发挥的典型作用，而从1945年以来，国际社会一直对华盛顿抱有这样的期待。

如果亚洲复制欧洲在19世纪和20世纪初期的历史，成为一个被权力争夺和敌对势力分裂的地区，许多国家——甚至可能包括崛起中的中国——都会要求美国扮演一个平衡手的角色，以确保地区的稳定。所有国家都需要稳定，以保证它们持续的内部发展。在2030年这一时间段可能发生的危机——如朝鲜半岛的统一，或者中美由于台湾问题而产生的紧张对峙——很可能会要求美国维持高水平的地区介入。亚洲是一个存在很多未决领土争端的地区，包括南中国海，随着开发宝贵的海底资源的兴趣的上升，各国宣示主权的对抗可能会升级。

其他地区也会要求美国更多地发挥领导作用：在中东和南亚，各种对立在升级，国与国之间、国家内部发生冲突的可能也在增加（见冲突章节）。为了避免印巴之间的公开冲突，或者缓和中东的核军备竞赛，人们可以很容易地想到需要美国发挥强有力的领导作用。人道主义危机——尤其是那些需要美国的空投能力与情报能力的危机——也有助于确保美国持续的领导地位。正如我们前文讨论过的，环境灾难将可能发生的更频繁，破坏性会更强；因此，对美国的军事能力的需求就更强烈。为不断严重的资源短缺提供技术解决方案，同时在一定情况下带头做出外交安排，以更好地分配现有资源（比如水资源），也是对美国领导能力的一种考验。美国在管理这些危机过程中的成败，将直接影响到国际社会对美国力量的认识。

中国和印度的迅速崛起

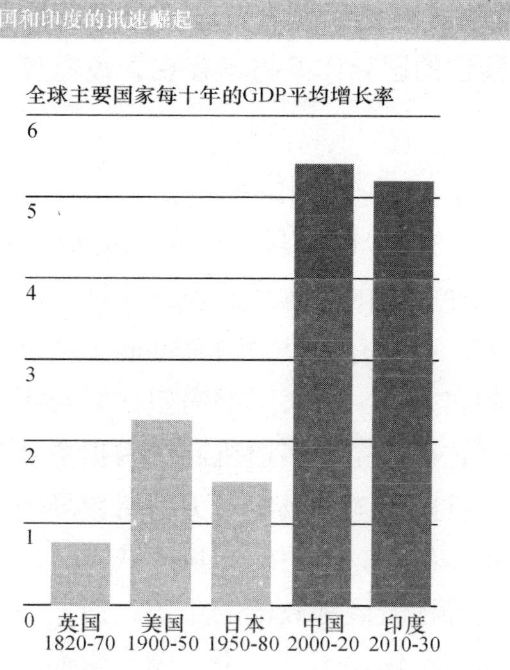

注：英国、美国和日本的数据来自安格斯·麦迪森历史数据库（以1990年国际元为准）；中国和印度的数据来自布鲁金斯学会预测数据（以2055年购买力平价美元为准）。

资料来源：布鲁金斯学会。

从历史的角度看，美元作为全球储备货币的地位，一直对美国的主导地位起着支撑的作用。美元作为全球储备货币的衰落，及其被其他某种货币或者一篮子货币所取代，将是美国全球经济地位衰落的一个最重要的迹象，相当于第二次世界大战结束之后，英镑作为世界货币地位的丧失对大英帝国终结的影响。多数专家不认为在未来15—20年里美元的地位会被取代。但是，在2030年之前，在全球和地区范围内越来越多地使用其他主要货币将成为可能，如人民币和欧元将分享美元的国际地位。亚洲成了世界经济的发动机和借贷者，该地区的货币在全球范围内地位的加强只是时间问题。其速度将对美国的全球地位产生很大的影响。

“美国力量的崩塌或者突然撤退更有可能导致长时间的全球无政府状态，稳定的国际体系将不存在，没有任何国家能代美国行使领导责任。”

3. 国际秩序尚无替代模式

在到 2030 年的这个时间段中，美国的地位被另一个全球性大国所取代，一种新的国际体系出现，这种可能性看来极低。在任何一种情况下，都没有那个大国有可能会在这个时间段中达到美国这么强大的实力。新兴大国都渴望在联合国、国际货币基金组织和世界银行这样的主要多边机制中占据主要的位置，但它们并没有任何竞争性的模式。虽然对美国所领导的国际秩序并不完全满意，甚至抱有敌意，但它们却从中获益，并且它们更感兴趣的是持续自身的经济发展和政治的稳固，而非与美国的领导地位斗争。另外，新兴大国并不是一个集团：它们并没有一个统一的替代模式。它们的想法——即使是中国——更多地与塑造地区格局相关。美国力量的崩塌或者突然撤退更有可能导致长时间的全球无政府状态，稳定的国际体系将不存在，没有任何国家能代替美国行使领导责任。当我们在国外讨论美国力量的虚弱的时候，许多学者和分析人士比美国专家更倾向于设想世界会发生更严重的混乱与无序。

4. 过渡期的迷雾

当前的形势让人回想起历史上的转折点——像 1815 年、1919 年和 1945 年——那时前方的道路都不甚清晰，世界面临着不同的未来可能性。在上述各个案例中，过渡期都很漫长，再平衡从某种意义上讲都是一个反复试验的过程，国内政治是塑造国际问题结局的重要因素。在今后的前进过程中，美国的国内政治对于美国如何构想和发挥其国际作用至关重要。许多参与我们讨论的人都强调建立强有力的政治共识是美国经济更具竞争力的一个关键条件。一个分裂的美国将在塑造新角色的过程中面临更多的困难。从单极向新的全球领导地位的过渡将是个多方面、多层次的过程，在许多不同的层面展开，也被国内和世界其他地方的各种事态的发展所左右。

再平衡的世界——与以往相类似?

一些参与我们讨论的人在当前阶段与欧洲1815年维也纳和会之后的“长期和平”之间寻找共同点。相似之处包括都处于一个社会、经济、技术和政治快速变化的时期，以及大体上都是多极的国际体系。1815年的欧洲包括一系列不同的独裁政体，像俄国、普鲁士和奥匈帝国，以及像英、法这样的自由政体。在这样的一个世界里，英国占据了特殊的地位：尽管它不具备超强的实力，但它得以发挥了一种特别大的作用——在1830年，俄国和法国在国民生产总值上与英国大体相当，到1913年，美国、俄国和德国在经济规模上都比英国更大。英国的全球金融与经济地位及其帝国体系、作为欧洲离岸平衡手的角色和与其海外属地相连的海上商业航线保护者的地位，使得英国在19世纪到20世纪初在国际体系中发挥着卓越的作用。

当前的多极体系同样非常多样化，拥有数量更多的参与者(player)（想想20国集团），而国际经济与政治更为全球化。在1815年，从25年的冲突中走出来，大国间有着相互对立的观点，它们也对此并不隐瞒，尤其是在国内。俄国、普鲁士和奥地利之间的神圣同盟试图与民主、革命和世俗主义对抗，但最终发现难以协调做出集体行动，在所有情况下，它们的努力被证明只有暂时的效果，而在整个19世纪，革命和分离主义运动在欧洲持续进行着。一种长期的、普遍的大国间和平得以维持，主要是由于担心出现更严重的后果，而没有国家愿冒险把自己的意愿强加给其他国家。均势的取得部分原因在于差异。在英国作为一流经济大国的历史结束及几个竞争对手崛起之后，英国的地位得以延续，部分是因为直到第一次世界大战之前，其他国家不愿意与之争夺领导权。

第三章　变换的世界

众多改变全局的因素及其相互之间的复杂互动，意味着未来的世界图景有无穷无尽的可能性。在此，我们试图描绘四种典型的未来，代表着到 2030 年 4 种截然不同的发展路径。事实上，未来的世界可能包含上述所有可能世界的元素。

下面的第一个图显示在 4 种世界图景中，美国占全球实际 GDP 的比重。第二幅图表示 2010 年各地区的全球经济影响力（按地区/国家占全球 GDP 的比重计算）以及我们所设想的 2030 年四种世界图景中各地区全球经济影响力的变化。这四种世界图景是：

大停滞的世界（熄火的引擎）——在该世界图景中，美国和欧洲将重点转向国内，全球化停转。

大融合的世界——在该世界图景中，美国和中国合作，导致全世界在应对全球性挑战上的合作。

大分化的世界——在该世界图景中，经济不平等成为主要特征。

非国家化的世界——在该世界图景中，非国家行为体在解决全球性挑战中扮演领导角色。

1950—2030美国GDP占世界的比重

下图对2030年美国GDP占世界比重的四种图景作了对比

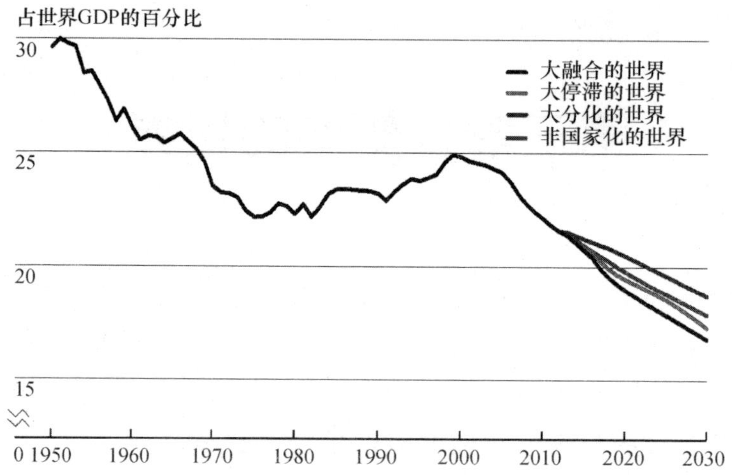

资料来源：麦肯锡全球增长模型；安格斯·麦迪森历史数据库；美国全国情报委员会研究组。

2030年四种世界图景中全球各地经济实力对比

2010年全球各地经济实力（按地区/国家占全球GDP的比重计算）以及2030年四种世界图景中全球各地经济实力对比

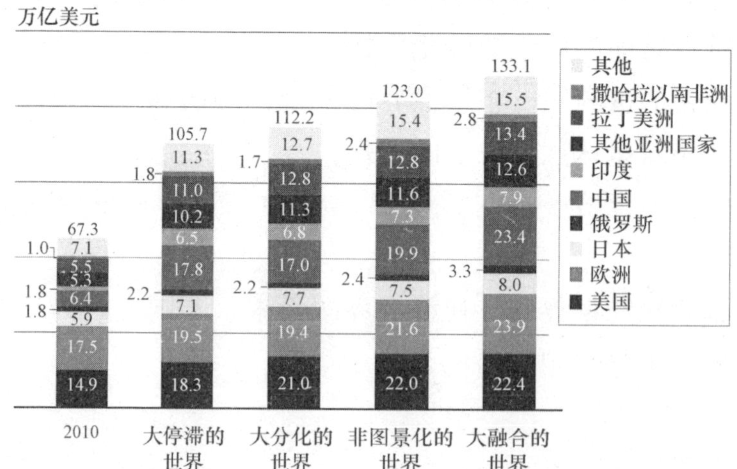

“其他”包括东欧、中亚、土耳其、加拿大、南亚（印度之外）以及中东北非地区。

资料来源：麦肯锡全球增长模型。

一、世界前景一：大停滞的世界

我们选择大停滞的世界（火车头熄火）——一种美国和欧洲将重点转向国内，全球化停转的世界图景——作为这部分的开头，以表示一种最有可能的最坏情况。理论上，更坏的世界图景是可以想象的，包括在第一次世界大战或第二次世界大战的战后秩序上爆发潜在的大规模冲突，从而导致全球化的彻底崩溃和发生逆转，但这种后果似乎不大可能。我们相信国家间爆发冲突的风险将上升，但不认为双边冲突会引爆一种全方位的大冲突。而且，不像在两次世界大战中间的时期，在这个技术更加先进、联系无处不在的时期，经济相互依赖或全球化的彻底瓦解将变得更加困难，因此可能性也很小。

但不管怎样，大停滞的世界是一个没有希望的未来。我们建立的模型表明，在这种世界图景下，全球总收入将是27万亿美元，比我们所设想的最乐观的世界图景——“大融合的世界”要低。这一总量大于今天美国和欧元区加起来的经济总量。在大停滞的世界中，美国和欧洲不再有能力或兴趣维持全球领导地位。美国的政治体制无法克服其财政挑战，经济政策和经济表现都不稳定。欧洲一体化的大计失败。希腊执意撤出欧元区，导致边缘地带的其他国家不受控制地迅速退出。更多民族主义甚至本土主义的政党崛起，开始在联合政府中谋求影响力。2020年后，似乎只有数量有限的自由贸易区会依然存在。

主要新兴市场的经济增长会继续保持，并且占了全球经济增长的约3/4。但中国和印度没能进行根本性的经济和政治改革。腐败、社会动荡、脆弱的金融体系和随着时间推移所暴露出来的基础设施薄弱，妨碍了它们的经济增长。例如，中国经济的增长率由当前的8%降到2030年的约3%。

随着全球各地分离主义和保护主义的压力增大，全球治理体系无法应对一场蔓延广泛、造成恐慌的流行病。富国在自己与众多亚洲、非洲和中东的发展中穷国间筑起高墙。通过中断国际旅行和贸易，这场严重的流行病虽未消灭全球化，但却使得全球化失灵。

在一年一度的达沃斯会议外围，一群跨国公司的CEO聚集在一起，讨论他们所认为的全球化失灵。其中一个成员请她的“战略视野”办公室主任写一篇短文，描述这种每况愈下的状况，作为讨论的基础。下文摘自那篇文章：

WORLDCORP战略视野小组

必须坦言，我原本认为这种情况不会发生，但我们不得不直面身处新世界这个现实——在新世界中，全球化不再是一个既定现实。你们可能会问这是如何发生的。我认为关键在于美国的内向化。我想，我们所有人都认为尽管存在这样那样的国内纷争，页岩气的发现意味着美国“复兴了”。很显然，我们并没有考虑美国的法律体系。提炼方面的技术进步慢于预期，事实证明储量也处于最初的预估，由此导致我们先前的过高估计落空。不仅如此，我们也没有将针对能源生产者的昂贵的诉讼费用考虑在内。

真是祸不单行，正当我们认为欧洲正从希腊执意撤出欧元区这一事情上抽身、并开始谈判一个新的政治和经济条约时，法国人民在最近有关新欧盟条约的全民公投上起来反抗。这对法国政府而言是一个毁灭性的打击，如今对其他每个人来说也是个大问题。考虑到前一个条约提案遭到强烈反对，还不清楚新提案能否被提出。渐渐地，德国精英称德国不再需要欧盟：

他们想现在就退出。

我不确定发展中世界是否理解这些变化的严重性。我想，他们对于西方的问题多少有点幸灾乐祸。中国欢迎美国削减海外兵力的决定，将其视为美国奉行不干涉政策的保证。中国的“自由主义者”有点懊恼，因为他们认为一个强大的美国可以迫使中国政府进行改革。北京希望在没有美国强有力支持的情况下，越南和菲律宾能逐步在南海问题上退让。

中国也有其自身的问题。根本性的经济和政治改革陷入停滞；腐败和社会动荡使经济增速放缓，这或许解释了为何政府在煽动民族主义，并且在海外变得更具冒险性。

许多印度的战略家对给予美国过多信任心存顾虑；美国最近的撤出证明他们是对的。新德里没有其他天然伙伴。印度对其在中亚的影响忧心忡忡。阿富汗最近发生了一场塔利班政变，组成政府的其他所有派别被残酷镇压。印度指责巴基斯坦介入，并寻求西方帮助，但基本被回绝了。

印度对中国的不信任也发展到一定程度，导致金砖国家峰会不再召开。中国和印度的外交官甚至在多边场合都不坐在一起。中国近期在靠近中印争议边界的雅鲁藏布江建成一座发电量3.8万兆瓦的大坝，并已开始建造另一座大坝。中国决定考验越南在南海问题上对抗中国的决心，这令印度官员坐立不安。在德里看来，如果美国缺少介入的更大意愿，中国的扩张行为似乎无法阻止。中国的“蓝水海军”将其影响向西扩展到印度洋，似乎只是个时间问题。

全球经济由于新兴国家间的紧张关系升级受到严重影响。全球增长势头开始下行。较穷的国家受到的影响尤为严重：在收成不好的年头，更多国家实施出口限制，加剧粮食短缺和粮价飙升。

另一个转折点是中东地区爆发激烈冲突。逊尼派和什叶派之间的暴力冲突在海湾地区爆发。伊朗介入保护巴林的什叶派，导致沙特的军事报复。然后伊朗宣布开始试验核装置。美国就是否派第六舰队到海湾地区以确保石油的自由流通展开辩论，但华盛顿决定采取“等等看”的策略。如果要我选择一个时间点清楚表明美国的角色已发生转变，这个时间点就是。甚至连中国也对美国的作用下降感到担忧，于是他们向阿曼湾派出自己的舰队。

逊尼派和什叶派之间紧张关系的终结似乎遥遥无期。全球经济增长放缓导致能源价格下降，使沙特阿拉伯和伊朗两国遭受打击。双方通过在叙利亚和黎巴嫩发动代理人战争，加剧了局势紧张。真主党还首次对以色列和美国发动了大规模网络攻击。

由于有大量的可耕地、非传统能源储备（如果律师们允许它们开采的话）以及充足的水资源，美国可以比其他大多数国家更能自给自足。外部的日益混乱强化了那些支持脱离全球化（disengagement）的人的立场。然而在中国，由于许多中国人认为经济管理不善，共产党受到更多攻击。印度的发展也显著变慢。没有一个政府能执政很长时间，政府在几个联盟伙伴间轮番洗牌。

麻烦还一波一波袭来：一种科学家反复警告过的致命病毒在东南亚爆发。有讽刺意味的是，随着安全和边境控制的加强，美国和一些欧洲国家，甚至中国能更好地经受住这场快速传播的流行病的打击。航班取消，船运停止，几千万人死亡。推特（Twitter）在瘟疫爆发的高峰期还想运行，但许多国家的政府关闭了推特，声称恐慌的不断蔓延与社交媒体的使用有关。有毒病菌迅速向东南亚外部扩散，在感染南亚后沿着贸易和旅行路线蔓延到中东和非洲。

这场流行病造成的一个结果是，每个人的头脑中出现一张新的世界地图。我能记起大英帝国的世界地图，当时地球面积的 1/4 都涂上粉红色。我们也有以华盛顿作为首都的自由世界的地图。如今，这幅新的头脑中的地图显示，东南亚、印度部分地区、非洲之角、海湾部分地区破败不堪。上述许多地区无法获得任何国际援助。

人们头脑中产生这幅新地图，碰巧是因为这些国家贫穷落后，而富国（包括中国）则唯恐避之不及。这加大了北方与南方、东方与西方之间的鸿沟。这幅新地图将被发展中世界的幸存者有意或者无意地牢记，并影响着一代人对世界事务的看法。

发达国家即便未受这场流行病的最坏影响，死亡人数也达到几百万人，年轻人尤其容易受感染。我无法告诉你这对富国的幸存者有何心理影响。这场全球性的瘟疫使全球化更加饱受批评。这对许多人而言是对21世纪早期不断深化的全球化的致命一击。

西方跨国公司在东南亚、印度和非洲被迫国有化。这些国家的政府称，在瘟疫爆发期间停止运营的那些企业失去了在瘟疫过后重新运营的权利。

而且，我还注意到“脸谱”变得更受欢迎，年轻人也开始出国旅行和留学。或许这预示着全球化的反弹……

改变全局的因素如何塑造世界图景：	
全球经济	在该世界图景中，所有的船都沉了。全球经济增长放缓与粮食价格上涨相伴随。
冲突	一场新的“大博弈”在亚洲蔓延。逊尼派与什叶派的暴力冲突在中东爆发，伊朗与沙特势不两立。美国和欧洲等外部势力拒绝介入。
地区稳定	东南亚和印度部分地区、非洲之角以及海湾地区部分国家遭到这场流行病的巨大打击，地区稳定遭到破坏。即使在这场流行病爆发之前，全球治理的崩溃就意味着会出现一个越来越动荡的中亚和中东。
治理	一场全球性的大疫之后，多边主义叫停。富国爆发恐慌，并试图孤立这场流行病的起源地以及受灾严重的穷国。东方与西方、南方与北方之间的相互不满加剧。
技术	缺少技术进步意味着页岩气革命被推迟。然而，到该世界图景结束之际，信息技术的推广成为复兴的源泉，全球化得以维持。
美国在全球的角色	美国将重心转向国内。美国民众不再像以前那样热衷于承担全球领导角色，在这场世界大疫爆发之后，更加热衷于建立一个“堡垒式的美国”。

在该图景中主要大国/地区的处境：	
欧洲	因被内部的骚乱搞得焦头烂额，欧洲与美国越来越成为世界事务的旁观者。
俄罗斯	随着美国从阿富汗和中亚撤出，俄罗斯在其周边的权势上升。
中国	根本性的经济和政治改革停滞；腐败和社会动荡使经济增长放缓，政府更愿意煽动民族主义并在海外采取更多冒险行动。
印度	美国撤出亚洲，使得印度不得不独自抵抗一个他们认为越来越具侵略性的中国。
巴西/中等强国	巴西和南美其他国家比较少受越来越紧张的地缘政治关系以及这场世界大疫影响。作为主要的粮食出口国，巴西从粮食价格上涨中获益颇丰，谋求填补美国和欧洲撤出所留下的权力真空。
非洲、亚洲和拉丁美洲的贫穷发展中国家	在该世界图景中，较穷的国家受越来越紧张的地缘政治关系和粮价高涨的沉重打击。世界大疫在较穷国家造成的人口死亡最严重，由于全球经济和技术合作停止，恢复将很困难。

二、世界前景二：大融合的世界

这一前景描绘的是我们认为最有可能的最好图景。在这样的世界中，对南亚不断蔓延的冲突的担忧导致美国和中国联合介入，该地区实现强制停火。中国和美国找到其他可以合作的议题，导致他们双边关系的巨变并引领全世界在应对全球挑战方面展开更广泛的合作。只有通过强有力的政治领袖对谨慎的国内选民施加影响，并打造更牢固的国际伙伴关系，这种世界前景才能实现。因此，不同社会和文明间的互信会增强。

在大融合的世界，由于最初在安全方面的合作被扩展到知识产权和创新等方面的合作，以应对能源和气候变化等问题，经济增长得以继续。中国由于在国际体系中扮演越来越重要的角色，开始了其政治改革进程。由于主要大国间的合作增强，全球多边机制得以改革，变得更富包容性。换句话说，政治与经济改革携手前行。

在这种世界图景中，所有的经济体都“水涨船高”。新兴经济体继续保持比发达经济体更快的增速，但发达经济体的GDP增长也得以提速。到2030年，全球经济几近翻番，达到132万亿美元。美国梦回归，10年间人均收入增加1万美元。中国的人均收入也快速增长，成功避免中等收入陷阱。在欧洲，欧元区危机成为深层政治和经济重构的催化剂。

除国家政治领导的作用外，非国家行为体的作用也很关键。得益于大学和实验室层面更广泛的交流与合作，技术创新在这个因经济飞速发展导致资源日益短缺的世界越发重要。

2030年，东西方中心——这个由美国国会1960年成立，旨在通过合作研究和对话，发展美国与亚太各国相互关系并增进民众相互理解的机构——决定更名为“全球一体化中心”（Center for Global Integration）。一位著名的考古学家将在机构更名仪式上发表就职演说。他那些强调各文明间共性的著作被重新发现，其远见获得普遍赞扬。近年来，就像他在这里所说的那样，他开始怀疑自己的看法是否正确。

大国间的关系日益紧张，曾使他几乎想放弃那种对全球趋势的过分乐观的观点。在他的发言中，他解释了为何没有必要悲观的理由。

全球一体化中心

致：全球一体化中心

来自：阿瑟 E. 肯特博士

主题：中心更名仪式开幕词

假如在21世纪第二个10年的任何时候问我，我将不得不告诉你，我们正在步入一场世界性的大灾难。感觉就像我们读到的有关第一次世界大战前夕的情况那样，大国之间的摩擦堆积如山。如今中国和印度、中国和美国、美国和欧洲在中东政策上以及美国、印度和巴基斯坦在阿富汗问题上的争吵，就是这种情况。

谈到大国博弈——尽管人人都知道它对全球经济造成伤害，但似乎大家都在玩这个游戏。西方国家经历了经济十分糟糕的十年。美国和欧洲急需的政治和结构性改革产生回报仍需时间。大部分欧洲国家要处理人口老龄化问题。美国因长期的党派之争而陷入困境。

令人惊讶的是中国。人人都认为它将继续进步。没人预料到其领导决策的瘫痪，也没人预料到其内部争吵会给中国经济增长敲响警钟。就像梅特涅在维也纳会议上谈到法国时说的那样，如果中国打喷嚏，其他人都得感冒。中国不仅让每个人在经济上感冒。中国的领导人——不管经济下滑或者就是因为经济下滑——大幅增加军费开支，都会让每个人的神经紧张到极点。

在全球经济增长放缓、不信任增加的大环境下，印巴紧张局势也升级：在干旱之年，巴基斯坦指责印度拒绝打开印度河沿岸的水坝闸门，不提供其急需的救济。德里则将克什米尔地区武装分子的渗透视作巴基斯坦的挑衅。它还发现，在一起极端分子企图炸毁孟买证券交易所的阴谋中，有伊斯兰堡方面介入。为此，印度动员了军队。

大国被搅得心神不宁。北京派密使来华盛顿商谈停火计划。美国和中国一同将计划递交给联合国安理会。中国承诺，如果巴基斯坦停止进一步报复，将为其提供大量人道主义和发展援助。美国和欧洲以大规模制裁相威胁，要求印度撤回军队。美国和中国在日内瓦共同主办和平会谈以解决克什米尔争端和巴基斯坦支持武装组织等问题。

没人预测到会有如此积极的成果。这些成果的取得很多有赖于美中领导人之间的私人关系。双方领导人都无视中层官僚的反对，通力合作并因他们的联合倡议而获诺贝尔和平奖。两国领导人看到了未来每个人面临的大战危险并采取行动。他们还想做更多事：因此，他们决定发动一场全球性的技术革命。

通过发展技术来解决主要的挑战，这带来了激动人心的效果，尤其是对更年轻一代而言。2010 年代“阴郁灰暗”，2020 年代却突然进入一个技术革新的黄金期。中国和美国共同创建了全球共享创新的机制。全球教育交流出现了前所未有的蓬勃发展。比如，土耳其、俄罗斯、以色列等国，成为跨文化交流和创新的沃土。知识产业扩散到了非洲和拉丁美洲。

在这种协作的大环境下，全球就清洁能源和食品安全达成共识。美国实验室主导着新材料的生产，以提高能源储存效率。印度的科学家致力于研究更分散的、服务农村的能源系统，巴西则成为新的绿色革命中心。

海湾国家看到了不祥之兆，迅速实现经济多样化。在美国和西方国家的帮助下，他们努力发展大学教育且已见成效。如今，海湾国家拥有一支训练有素、有创业精神的精英。某种程度如同20 世纪七八十年代亚洲经历的那样，中东地区“被感染”，经济快速地发展起来。

我认为从现在开始的未来几年中，历史学家将把变动中的移民和流动性看作是政治和技术合作不断发展的基础。不管是好是坏，一个联系紧密的世界精英群体已经形成：这些精英在多个地方舒适地工作和生活。即使低技术人群流动性也加大，填补了许多老龄化国家的劳动力鸿沟。生物识别技术的日益扩散使得政府部门能轻松跟踪人口流动。美国或欧洲的非法移民数量下降。因此，各国政府对允许扩大劳工流动变得更有信心。

有关美国或欧洲衰落的论调变少了。考虑到更密切的国际合作带来全球经济快速增长，如今的世界更关注如何保护生物圈。植物和昆虫物种由于迅猛的都市化进程和农业革命，正以惊人速度消亡。中产阶级的规模已在世界范围内呈爆炸式发展，即使西方的中产阶级也变得更加富有。这是一个永无止境的循环。新技术使资源变得可替代，或使可获得的资源维持更久，但是越来越多的暴发户造成城市膨胀、农村地区人口减少。其他环境问题也令人担忧。最近的几个台风都异常强大，造成史无前例的人口死亡和更大破坏。北极冰层以超过预期的惊人速度融化，在北极地区猖獗的资源开采也已经开始了。甲烷气体浓度正快速增长，加剧了气候科学家的担忧。

南亚依然是一个问题。其他方面的合作以及中、美等其他大国的压力已经说服印度和巴基斯坦加强战略对话，开始开放贸易流动。印度快速的经济扩张加大了巴基斯坦的不信任、怀疑和妒忌。巴基斯坦没有中止其核武器现代化计划，阿富汗依然是一个利益争夺的战场。

人类历史已翻过了一页——不再有资源的竞争……

改变全局的因素如何塑造世界图景：	
全球经济	所有经济体均水涨船高：新兴经济体继续保持比发达经济体更快的增速，但发达经济体的 GDP 增长也得以提速。到 2030 年，全球经济几近翻番，达到 132 万亿美元。中国的人均收入快速增长，避免了中等收入陷阱。
冲突	对南亚冲突不断蔓延的担忧促使美国和中国介入，最终导致停火和争端解决。这一成功为全球和地区问题上的更广泛合作打下基础，从而降低了冲突的风险。
地区稳定	南亚、中东以及其他地方的紧张局势依然存在，但在应对贫困和气候变化问题上的多边合作增强，降低了发生动荡的风险。欧洲的问题得以恢复。一个自由主义的中国增加了亚洲地区安全的可能性。
治理	由于美中走到一起实现合作的示范效应，全球合作迅速扩散。更大的民主化浪潮发生，首先是中国出现一个更自由的政权。随大国合作深化，多边机制得到改革。

续表

改变全局的因素如何塑造世界图景：	
技术	科学知识的迅速传播对维持一个更合作的世界发挥了关键作用。技术创新对于这个因经济飞速发展而资源日益短缺的世界也至关重要。
美国在全球的角色	美国梦回归，10 年间人均收入增加 1 万美元。技术进步以及解决冲突的努力是美国领导地位的基础。有关美国衰落的论调在大国合作取代大国竞争的新环境下明显减少。

在该图景中主要大国/地区的处境：	
欧洲	在欧洲，欧元区危机成为深层政治和经济重构的催化剂。
俄罗斯	由于技术成为国际合法性和国际地位的源泉，俄罗斯开始重建其科技部门。俄罗斯成为跨文化交流和创新的沃土。
中国	由于软实力增强并开始民主化进程，中国变得更加强大，在全球和地区扮演更重要的角色。
印度	印度的高科技产业在新的合作环境中获益颇丰。虽然中印关系提升，但印度依然努力克服与巴基斯坦的历史性紧张关系。能源和水资源方面的进步有助于确保持续的经济增长。
巴西/中等强国	巴西的科学家走在非洲新绿色革命的前列。随着大国间的合作增强，中等强国发现，与中美竞相争取其支持时相比，他们发挥的全球性作用更少。
贫穷的发展中国家	穷国在粮食和能源方面的技术进步中大为受益。一些国家继续在失败的边缘徘徊，但更多国家在合作的氛围中表现更好。

三、世界前景三：大分化的世界

在这种可能的图景中，国家内部、贫国与富国之间的不平等起着支配作用。随着全球 GDP 的增长，世界变得更加富有，但也变得更不幸福，因为富者与贫者间的差异愈发突出且更加固化。世界越来越被两种自我强化的螺旋所界定：一种是正面的，通向更大的繁荣；另一种是负面的，引发动荡与贫穷。同时，政治与社会紧张加剧。世界各国中，赢家和输家的界限十分明显。那些具有全球竞争力的欧元区核心国家表现上佳，而欧元区的边缘国家却被挤出局。欧盟呈现碎片化，最终踌躇不前。美国仍是超级大国，受益于新能源革命、技术创新、稳健的财政政策以及众多潜在竞争对手的相对弱点，从而实现了经济重振。然而，美国虽未完全脱离这个世界，但也不再试图在所有安全威胁面前都充当“世界警察”的角色。

部分非洲国家境遇最惨。回头看来，厄立特里亚脱离埃塞俄比亚、南苏丹脱离苏丹而独立这两大事件，成为撒哈拉地区国家边界重被划分的先兆。国家沿着宗派、部族、族群界限而呈现碎片化。页岩油气革命使美国受益匪浅，但对依赖石油出口的非洲国家而言却是灾难。非洲及其他地区的失败国家成为政治和宗教极端分子、叛乱分子和恐怖主义的“避难所”。

全球能源市场的转型以及自身经济多元化的失败，对沙特阿拉伯打击极大。在此期间，沙特经济几乎没有增长，其人口却仍在增加。到2030 年，该国人均收入将由目前近 2 万美元降至 1.6 万美元。面对这些挑战，沙特失去了在海湾地区发挥主要作用的资源。

在其他地区，中国沿海地区的城市继续欣欣向荣，但不平等问题加剧。除了那些与达官显贵有关系的人之外，中产阶层的愿望未能得到满足，社会不满迅速上升。中国领导层出现裂痕，损害了政府机构的合法性。中共在治理上面临越来越多的困难。

在这样的世界中，各国国内社会凝聚力的缺乏也反映在国际社会。由于欧洲衰弱、美国更为内敛，他们对那些最脆弱人群的国际援助下降。主要国家仍陷于争执之中，发生冲突的可能性增大。由于国际社会就援助与发展问题缺乏合作，失败国家的数量越来越多。经济仍以温和的速度增长，世界却因各个层次的政治、社会分裂而变得更不安全。

2028 年，在马克思诞辰（1818 年）210 周年之际，《新马克思主义评论》的主编就“马克思和共产主义的意义”搞了一次短文竞赛活动。出乎她的意料，杂志收到了数千份短文。经过艰难的筛选，她选出了一名获胜者，这篇文章将很多反复出现的主题融合在了一起。该文认为，马克思并未消亡，反而在 21 世纪继续兴旺，这超乎了 15、20 年前任何人所能设想的。以下是这篇文章的摘录：

马克思在 21 世纪的更新

欧盟在数年前的分裂，成为马克思主义必然性的一个经典例证。某种意义上，我们所看到的是一种阶级斗争在更大的地域范围内转换的图景——北欧国家扮演了剥削性的资产阶级角色，南部地中海国家则是无助的无产阶级。正如马克思（以及列宁）所阐释的，这些紧张局势只有通过斗争和分裂才能解决。初看起来，这应是一个重组欧盟并确立等级秩序的过程，那些不太富裕的人群将在不引起巨大争议的情况下被安排在次要位置上。

不幸的是，布鲁塞尔并未解决穷国日益增长的愤恨情绪。一夜之间，上述过程演变成了骚乱。骚乱不仅出现在南欧城市，富裕的北欧也被波及，欧盟委员会的办公室甚至遭到攻击和焚毁。一时间，我们似乎看到 1848 年革命的重演，那些北欧富裕国家的失业青年也走上街头对骚乱表达同情。

欧盟网站遭到黑客入侵，其内部系统因遭破坏而数月不能运行。阶级斗争扩展到一个连马克思都未曾想到的新领域。不同代际人群之间的战争浮现出来。英格兰和法国新近组织起来的青年人团体既呼吁削减老年人社会福利，又要求大幅削减教育收费。

在世界其他地方，我们也能看到这种阶级裂痕愈发明显，并可能引发全球性革命的趋势。北京政府对于各省的控制力削弱。中国沿海城市因与海外的商贸联系和相对富裕的内部市场而继续繁荣。同时政府致力于建设内陆城市的努力却收效甚微，只有少量的投资流入内陆。毛泽东主义出现复苏迹象，共产党的分裂看似不可避免。中国人本应更清楚地看到这一点。

马克思主义和毛泽东主义激发的暴乱在全世界广大农村地区蔓延。印度本就有纳萨尔派（Naxalist）暴乱的长期历史，现在更激烈的骚乱出现了。有趣的是，城市的骚乱也开始加剧：犯罪率迅速攀升——很多犯罪行为都组织严密，资产阶级很难安全地生活在封闭的社区之内。我认识的很多资产阶级家庭转而用现金购物，因为当他们使用网上银行或信用卡时，网络犯罪分子会盗取其账户资金或盗用其信用卡进行大额支付。各家银行发现要想确保安全变得愈发昂贵。

在中东及部分非洲国家，基于马克思主义的观点，恐怖分子和叛乱分子重新求助于族群和宗教信仰。沙特当局受困于越来越多的本土恐怖分子对富人的攻击，这些印证了恐怖主义的反宗教行为。在沙特或另外一个海湾国家，每天都有奢华的购物场所遭到自封的“圣战者”攻击。

由于北方的基督教社区遭到（伊斯兰极端分子的）围攻，尼日利亚实际上处于分裂状态。非洲的阶级斗争沿着宗派、部族和族群的分界线而展开，这意味着旧有的“殖民主义”版图事实上被毁掉了。细数一下，在非洲大陆就出现了10个新国家。在中东，在几个国家分裂出的领土上诞生了库尔德斯坦国。温斯顿·丘吉尔和格尔楚德·贝尔（Gertude Bell）恐怕在坟墓里也可能对此感到天旋地转。[①] 当然，中国和西方还未承认这些

① 编者注：格尔楚德·贝尔，英国驻伊拉克外交官、东方学家。第一次世界大战后，英国政府按其建议从衰败的奥斯曼帝国中“创立”了一个统一的伊拉克。

分裂，他们就像将头埋在沙子里的鸵鸟，对此装作不知。他们对于那些在19、20世纪起草旧帝国主义版图的伟大政治家们有着太多的崇敬。

我不确定美国是否有发生革命的成熟条件，它因开发页岩气而受益颇多。美国国内能源价格的下降，刺激跨国公司从亚洲返回本土，使制造业的潜力得到更好地发挥，工人阶级因此能暂时平息下来。但这些可能只是时间问题。因为发展重新提速，美国在21世纪10年代并未进行福利改革。美国的债务继续攀升，福利问题重新回到政治议程恐怕只是时间问题。全球经济衰退的浮现，加之欧洲等地的混乱状态，刺激了阶级间的紧张关系。美国自认为有免疫力，但我们将拭目以待。不幸的是，美国的反对派活动分子不再信仰马克思了。

马克思可能要着迷的一件事是现在无产阶级所享有的权力。这些革命团体有很多破坏性的手段在手，诸如从无人机、网络武器到生物武器。我担心紧张局势会失控，也担心反革命分子可能在受压迫群体发展足够力量、掌握娴熟策略之前就先发制人发动攻击。在这个意义上，对致命武器的获取途径越多，马克思所设想的不平等就会越少。

但是，资产阶级将开始认识到这些。富裕的城镇毫无疑问会建立自己的武装力量以应对持续的破坏和暴乱。美国人、一些欧洲人、中国共产党领导人和俄罗斯寡头统治集团将会探讨打击网络犯罪的全球倡议。这是自相矛盾的。因为就在数年之前，美国人和欧洲人都不假思索地谈论需要确保互联网不受审查并向所有人都开放。而中国人、俄罗斯人担心这种自由会失控并使个体获得太多权力。突然之间，美国人看待网络审查的角度发生了变化，阶级利益反而重新流行。

马克思会看到阶级斗争永远不会消失。全球化孵化出了更多的阶级斗争……

改变全局的因素如何塑造图景：	
全球经济	全球经济以2.7%的速度增长，这一速度远好于“大停滞的世界”图景，但比“大融合的世界”或“非国家化的世界”图景糟糕。美国受益于新能源革命和众多潜在竞争对手的相对弱点，实现了经济重振。相比而言，中国增长放缓，对该国难逃中等收入陷阱的担忧也日益上升。那些具有全球竞争力的欧元区核心国家表现上佳，而欧元区的边缘国家却被挤出局。欧盟呈现碎片化，最终踌躇不前。
冲突	城乡矛盾和阶级矛盾爆发，特别是在非洲和部分中东、亚洲地区。随着叛乱分子、恐怖分子使用无人机、网络攻击和生物武器，冲突范围扩大。
地区稳定	非洲部分国家由于越来越多的宗派、部族、族群分裂而表现糟糕。中东也因库尔德斯坦国家的出现而重划边界。政治、社会和代际冲突在欧洲、中国、印度蔓延。
治理	各国国内社会凝聚力的缺乏也反映在了国际社会。由于欧洲衰弱、美国更加内向，对那些最脆弱人群的国际援助下降。更多的国家陷于失败和分裂。
技术	支撑美国能源革命的水力压裂技术极大打击了沙特这样的能源出口国。国家行为体愈发担忧技术可能赋予个体太多权力。在这一图景的最后阶段，西方国家与中、俄联合限制互联网自由。
美国在世界的角色	美国在参与全球“灭火”方面变得更加克制：少数明显威胁国家利益的“火苗”熄灭了，但很多仍会燃烧。但是，在这一图景的最后阶段，因为受愈发增大的非国家行为体的威胁，美国开始与独裁国家联合寻求恢复秩序。

在该图景中主要大国/地区的处境：	
欧洲	集体主义的欧洲仅是一个外壳，各国之间的多元性远多于一致性。欧元危机对于欧洲作为一个整体在国际舞台发挥作用的雄心壮志是一个毁灭性打击。
俄罗斯	在俄罗斯国内的不平等更为严重的同时，俄罗斯精英与美、欧、中国精英联合起来阻止网络犯罪升温。
中国	在城乡裂痕扩大的情况下，中国力争保持之前的高经济增长率。由于内部的不满上升，政权逐渐失去合法性。在党内分裂加剧的同时，毛泽东主义开始复兴。
印度	在农村纳萨尔派（Naxalist）暴乱扩散的情况下，印度竭力保持经济增长。
巴西及中等强国	巴西解决不平等问题的努力获得成功，其国内局势比大多数国家都好。库尔德斯坦的崛起严重损害了土耳其的完整性，加剧了其周边地区发生重大冲突的风险。
亚非拉贫穷的发展中国家	穷国遭受整体经济增速放缓之苦；内部冲突恶化了粮食生产的前景；国际体系的援助难以缓解人道主义危机。

四、世界前景四：非国家化的世界

在这一前景中，非政府组织、跨国公司、学术机构、富有的个人以及大都市等次国家组织繁荣发展，在应对全球性挑战方面发挥着主导作用。新技术的出现赋予个人、小型组织和特别联盟更大权力，增大了非国家行为体的权力。在相同的全球性学术机构接受教育的跨国精英集团出现，并成为非国家行为体（大型跨国公司、大学和非政府组织）的领袖。全球精英分子和中产阶级市民就贫困、环境、反腐、法治、维护和平等全球性挑战形成舆论共识，反过来增强了这些群体的权力。国家虽未消失，但政府角色越来越多地表现为组织、协调各种依据不同挑战而不断变化的国家和非国家行为体联盟。

那些沉浸于发挥主导作用、确保中央政府控制的独裁政权，会发现在这样一个世界中愈发难以运作。在那些规模更小、更灵活的国家中，其精英阶层能更好地团结在一起。相对于缺乏政治、社会凝聚力的大国来说，这样的国家更容易成为“关键行为者”。

如果全球治理机构不能适应更加多元化、分散化的权力分配现实，那它们获得成功的可能性就比较小。在这样一个高度全球化，专业技术、影响力和灵活性比规模、位置更加重要的世界中，跨国公司、信息技术通信公司、国际科学家、非政府组织及习惯于跨国合作的组织往往更具活力。例如，私人资本和慈善组织就比官方发展援助更加重要。社交媒体、移动通讯和海量数据相结合，支撑和促进了非国家行为体之间及其与政府的合作。

在这样一个世界中，城市化的规模、范围和速度以及哪些行为体能成功管理这些挑战变得至关重要，尤其是对发展中世界而言。妨碍这些趋势的国家政府将会落伍。

这是一个拼接起来的、不均衡的世界。一些全球性问题得以解决，这是因为各种网络能够设法相互联结，国家行为体和非国家行为体能够进行合作。在另外一些例子中，非国家行为体可能也试图处理挑战，但因大国的反对而受到阻碍。安全威胁构成越来越大的挑战。获取致命、破坏性技术的途径增多，个体和小型组织因而有能力在更大范围内诉诸暴力和破坏行径。各类社会治理行为体对于权力的不断变化深感困惑，恐怖分子和犯罪网络利用了这一点，并寻求获取、使用致命性技术。经济方面，经济增长比在“大分化的世界”图景中表现稍好，因为非国家行为体之间及其与国家政府之间在应对全球重大挑战问题上有着更多合作。这个世界也比“大停滞的世界”更加稳定，社会更有凝聚力。

2030 年，一名历史学家正就“过去 30 年全球化的历史及其对国家的影响”进行写作。他此前已经完成了关于 17 世纪威斯特伐利亚国家体系的博士论文，但并未因此而得到一份学术工作。他希望通过对近期历史的研究来谋得一份高薪管理咨询工作。以下是其著作《次国家权力的扩展》的简介：

在国家行为体的历史中，全球化进入一个全新阶段。毫无疑问，国家仍然存在。全球经济的持续波动以及对于政府介入的需求，表明国家不会退出历史舞台。但是，认为国家行为体仍会保持原有权力显然是错误的。过去 30 年，次国家政府的权威以及非国家行为体的作用得到了极大扩展。西方民主国家尤其如此。当然，次国家权力增大的现象已非西方专利，而是远远超出了西方的范围。

次国家权力的扩展受益于跨国精英集团的形成。这些跨国精英在相同的大学接受教育，在相同的跨国公司或非政府组织工作，又往往在相同的度假胜地度假。由于全球化赋予个人更大能力和主动性，因而他们深刻赞同全球化。他们不想依靠“大政府”，因为他们认为“大政府”往往后知后觉，不能迅速应对变化极快的危机。

这种“定能做到、每个人都可发挥作用”的精神随着全球范围内中产阶级的崛起而日益流行。这些中产阶级越来越依靠自我。公平地说，在很多例子中，崛起中的中产阶级不信任那些控制国家政府的精英们。因此，在政府之外或其周围工作，成为这些中产阶级寻求向上发展的方式。如果找工作时不能获得国家层次的工作，他们就会把城市视为获得政治权力的踏脚石。

这些新型的全球精英和中产阶层，也越来越多地就“哪些是主要的全球性挑战”达成共识。例如，他们希望消灭任人唯亲的腐败行径，因为这些因素实质上支撑了“旧体系”（或者被他们称为“旧制度”)。在很多国家，旧有精英阶层的腐败行为阻碍了社会成员向上发展的流动性。新精英阶层强烈支持依靠法治来推动“公平”、“机会均等”。同时，安全、健康的环境对于确保生活品质也很重要。他们中的很多人都是保护人类正义和妇女权利的社会活动家。

技术是次国家权力得以扩展的最大推动力。由于信息技术革命，公司、慈善机构、大学、智库等各类非国家行为体都成为全球性机构。人们不再把这些机构视为是美国的、南非的或者中国的。对于中央政府、尤其是残存的独裁政府来说，这一现象令其深感不安。他们不知该将这些机构视作朋友还是敌人。

事实上，技术革命已大大超出了将分散在遥远之处的人们连接起来的作用。由于人们可以从更多渠道获取精密技术，国家行为体在这个时代不再享有太多优势。个体可以获得大规模杀伤性武器，小型军事组织和恐怖组织也能掌握足以对数百英里之外目标发动精确打击的武器。很多事例表明，这些都是致命、具有高度破坏性的。恐怖分子利用黑客手段侵入电网，使中东地区的数个城市陷于瘫痪。中东国家的政府不得不与恐怖分子进行交易、释放政治犯，以换取恐怖分子停止黑客活动。

很多人害怕其他群体可能会模仿上述行为，也担心特定组织会发起更多的攻击。过去十年，我们已经见证了很多专家一度十分担心的图景：犯罪网络与恐怖主义越来越多地勾结起来。恐怖分子购买专业黑客的服务。在很多案例中，黑客们往往不知是为谁工作。

在近期发生的一起有惊无险的生物恐怖袭击中，一名业余爱好者的实验几乎导致致命病毒的扩散。值得庆幸的是，强烈的抗议和恐惧促使多国出台了更严格的国内监管措施，要求加强国际监管的公众压力也在增大。作为公私伙伴关系得以加强的一个例证，执法部门向生物学界征询意见指出潜在风险。鉴于可能出现的问题，生物学界中的多数人都非常乐意提供帮助。但是，几乎所有人都认识到，在国家层面采取行动也是必须的。

因此，威斯特伐利亚体系的最初动机——确保所有人的安全，仍具有重要意义。自从这次有惊无险的生物恐怖袭击事件之后，没有人再谈论“摈弃民族国家”。

另一方面，中央政府的作用在众多领域内都在削弱。想想粮食、水资源问题。很多非政府组织寻求中央政府提供帮助制定全国性的规划，包括给水资源定价、减少对自耕农的补贴。当美国和俄罗斯小麦减产、非洲和中东出现食品暴乱之后，G20召开紧急峰会，呼吁推进新的世贸组织回合谈判以促进农业生产、避免出现更多的出口限制。但当G20各国领导人回国后，他们都认为采取上述行动的动力已急剧下降。这不仅是因为美国和欧盟的游说集团寻求政府的持续补贴，还因为在印度这样的地方，自给农是各政党十分看重的选举力量。

五年以后，有关重启新的世贸组织回合谈判一事毫无进展。另一方面，大城市开始寻求自己的解决办法。在处理食品暴乱活动的第一线，很多富有远见的市长决定与农村的农民合作以改善生产。他们与西方的农业企业合作，通过买地或租地的方式增加周边农村地区的生产能力。他们还越来越多地放眼农村之外，在城市中心区协商土地交易。同时，在城市摩天大楼开展“立体农业”的做法也被采用。

这些城市“自己顾自己”的方法可能并非最有效。生活在良好治理地区之外的很多人，在农业歉收时仍会受到粮食欠缺的影响。而生活在有着较好治理地区的人们，就能求助于当地的农业生产组织来渡过危机。

总体而言，扩大的城市化可能是人类文明最坏、也是最好的事情。一方面，人们更加依赖于电力等日用品，也因此更易受到此类日用品供应被切断的影响。城市化也有利于疾病的传播。另一方面，城市化推动了经济增长，也意味着可以更高效地使用水、能源等资源。对很多日益重要、不断发展的大城市而言，这点体现得尤其明显。10或15年前，没人能设想到这些都市的发展。在中国，大城市出现在内陆地区，它们经过良好的规划，公共运输非常发达。相反，北京和上海却因过度拥挤而竞争力下降。总体而言，不论新城还是旧城，城市治理的重要性越来越突出。

我们也见证了一个新现象：国家内部出现越来越多的特别经济区和政治区。这就像中央政府承认自身无力推动改革而将职责分包给另外一个政党。在这些“飞地”内，诸如税收等法律均由外部人员制定。很多人认为，外部政党更有机会使特区内的经济发展欣欣向荣。这最终为其他地区树立了榜样。非洲之角、中部非洲及其他地区国家的政府看到上述优势后，公开承认了自身的局限性。

改变全局因素如何塑造图景：	
全球经济	全球增长要比“大分化的世界”图景表现稍好，因为非国家行为体之间及其与国家政府之间在应对全球重大挑战问题上有着更多合作。这个世界更加稳定，社会更有凝聚力。
冲突	由于获取致命、破坏性技术的途径扩大，安全威胁构成越来越大的挑战。人们对于权力、职责的不断变化以及治理行为体的多样性深感困惑，恐怖分子和犯罪网络利用这一点，建立了有形和虚拟的“避风港”。
地区稳定	地区机构变得越来越具有混合性，因为非政府行为体成为机构成员且与国家行为体并肩而坐。大城市的市长在推动地区和国际合作方面发挥主导作用。为促进经济发展，各地区出现越来越多的特别经济区、政治区。
治理	国家虽未消失，但政府角色越来越多地表现为组织、协调各种依据不同挑战而不断变化的国家和非国家行为体联盟。在这样一个高度全球化，专业技术、影响力和灵活性比规模、位置更加重要的世界中，跨国公司、信息技术通信公司、国际科学家、非政府组织及习惯于跨国合作的组织往往更具活力。
技术	社交媒体、移动通讯和海量数据相结合，支撑和促进了非国家行为体之间及其与政府的合作。

续表

改变全局因素如何塑造图景:	
美国在世界的角色	很多跨国公司、非政府组织、智库和大学等非国家行为体起源于美国，美国因而享有优势。但这些非国家行为体越来越认定自己拥有全球化的身份。在组织由国家、非国家行为体构成的混合联盟以应对全球性挑战时，美国充分利用了其影响力。

在该图景中主要大国/地区的处境:	
欧洲	欧洲因为利用其软实力（非政府组织、大学和全球金融、商业组织）来提升自身地位而繁荣起来。对于联盟、包容性的强调，有助于欧洲运用其联盟塑造能力来解决各种挑战。
俄罗斯	俄罗斯越来越关注由于恐怖分子和犯罪组织发展带来的安全威胁。在国际舞台上，俄罗斯发现其很难与不断发展的全球非国家行为体开展合作。
中国	中国全神贯注地维护和强化中央政府的主导作用和控制力，它发现在这样一个世界中很难吃得开。
印度	因其精英阶层融入全球商业和学术网络，印度拥有实现繁荣的潜力。如果能处理好城市的挑战，印度能够在迅速城市化的过程中成为发展中世界的开拓者。
巴西及中等强国	在网络接触比国家大小、分量更为重要的世界，中等强国可以发挥极大作用。这些国家能多大程度地拥有高度发达的非国家行为体，将是其能否在这一世界获得成功的重要决定因素。
贫穷的亚非拉发展中国家	发展中国家能在多大程度上管理好城市化，将决定其在这个世界的成败。那些阻碍城市化趋势的国家政府很可能会落后于利用城市化来实现经济和发展政治稳定的政府。

鸣　谢

在《全球趋势2030》报告撰写过程中，众多人士和机构向我们提供了无私帮助，包括专家学者、大学、智库、科学实验室、商界以及政府机构等，我们从中受益良多。鉴于太多人士参加了我们的会议、研讨、单独会谈以及其他与报告撰写相关的活动，不能一一列举，在此特别提及那些做出突出贡献的人士和机构。

美国大西洋理事会的贡献最为显著，该机构就一系列关键议题组织了研讨会，还在硅谷及海外多国举行相关会议。理事会主席、执行总裁弗雷德·肯普（Fred Kempe）先生、布伦特·斯考克罗夫特国际安全中心主任巴里·帕维尔（Barry Pavel）先生、班宁·加瑞特（Banning Garrett）博士以及卡雷斯·卡斯特罗（Carles Castello-Catchot）先生建立了诸多小组，我们因而有机会与各领域专家交流讨论。史汀生中心主席埃伦·莱普森（Ellen Laipson）女士主持召开了先期研讨会，探讨此前“全球趋势”报告的成绩记录，这有助于我们避免重犯以前的错误。戴维·米歇尔（David Michel）先生在该中心关于海上和环境趋势的研究工作也极具价值。

丹佛大学弗雷德利克·S·帕迪中心的“国际趋势模拟”方法，加之巴里·休斯（Barry Hughes）教授、乔纳森·莫耶（Jonathan Moyer）博士的帮助，为我们在从地缘政治到教育、卫生的广泛领域探索未来图景提供了整体框架。麦肯锡公司利用其专利“全球增长模型”，帮助我们全面思考各种未来图景，模拟各图景中可能的经济发展轨迹。

在过去十年中，普林斯顿大学的约翰·伊肯伯里（John Ikenberry）教授与国家情报委员会一道领导了国际关系学者的季度会议，这提供了大量机会来探讨有关国际体系演变的各种观点。国际体系演变恰是《全球趋势2030》报告及之前报告的重要内容。兰德公司的格雷戈里·特雷弗顿（Gregory Treverton）博士就“权力性质的演变”组织了核心研讨班。战略商业观察公司的威廉·罗尔斯顿（William Ralston）博士和尼克·埃文斯（Nick Evans）博士就“破坏性技术”提供了关键思考和专业知识。柏妮丝·李（Bernice Lee）博士及其在皇家国际事务研究所的团队就资源短缺问题进行了广泛研究。史蒂夫·萨博（Steve Szabo）博士就资源问题在德国马歇尔基金会的跨大西洋研究院主持召开了数次会议。皇家国际事务研究所的齐妮亚·多曼迪（Xenia Dormandy）博士跟我们分享了其关于非国家行为体的研究成果。大卫·劳（David Low）及其在“牛津分析”团队就“恐怖主义的未来”组织了研讨会，为报告中有关应对恐怖主义的内容奠定了基础。皇家国际事务研究所成员、大西洋理事会非常驻高级研究员乔纳森·帕里斯（Jonathan Paris）先生就“中东的未来”为我们提供了帮助，还为此组织了数次海外会议。

能源部实验室也向我们提供了慷慨帮助。阿尔文·桑德斯（Alvin Sanders）博士和理查德·斯尼德（Richard Snead）博士在橡树岭就自然灾害问题组织了研讨会。在桑迪亚国家实验室，霍华德·帕塞尔（Howard Passell）、拉斯·斯考西派克（Russ Skocypec）、汤米·伍德尔（Tommy Woodall）等就“自然资源的可持续性及其对国家脆弱性的影响”议题承担了大量工作。众多专家学者就报告草稿做出了重要贡献，承担了评审工作，包括：丹尼尔·特文宁（Daniel Twining）博士（德国马歇尔基金会）、威廉·因博登（William Inboden）教授和杰雷米·苏蕊（Jeremi Suri）教授（得克萨斯大学）、菲利普·斯蒂芬斯（Philip Stephens，《金融时报》）、克里斯托弗·雷恩（Christopher Layne）教授（得克萨斯农工大学）、理查德·西恩科塔（Richard Cincotta）博士（史汀生中心）、汤姆·芬格（Tom Fingar）、保罗·萨夫（Paul Saffo）和伊恩·莫里斯（Ian Morris）教授（斯坦福大学）、约翰·科尔米雷斯（John Kelmelis）和达瑞尔·法伯（Darry Farber）教授（宾夕法尼亚州立大学）、大卫·戈登（David Gordon）和阿什·珍（Ash Jain）博士（欧亚集团）、吉奥瓦尼·格雷维（Giovanni Grevi）博士、罗斯玛丽·福赛思（Rosemarie Forsythe，埃克森美孚公司）、杰克·斯通（Jack Goldstone）教授（乔治·梅森大学）、丹·斯坦博克（Dan Steinbock）博士（印度、中国和美国协会国际商业研究主任）、奥利维尔（Olivier Erschens，航空航天战略研究中心副主任）、苏米特·甘古利（Sumit Ganguly）教授（印第安纳大学）、埃米尔（Emile Nakhleh）教授（新墨西哥大学）、詹姆斯·希恩（James Shinn）博士（普林斯顿大学）、卡塔里娜·塔利（Catarina Tully）、菲奥纳·希尔（Fiona Hill）和贾斯汀（Justin Vaisse）博士（布鲁金斯学会）、大卫·绍尔（David Shorr）博士（斯坦利基金会）、卡利·莫托拉（Kari Mottola，芬兰外交部特别顾问）、阿图罗·洛佩斯—莱维（Arturo Lopez-Levy，丹佛大学）、马克·菲茨帕特里克（Mark Fitzpatrick，国际战略研究所）、马尔科姆·库克（Malcolm Cook，弗林德斯大学）、帕特里克·克罗宁（Patrick Cronin，新美国安全中心）、赵宏（Cho Khong）博士（壳牌公司）、亚历山大·范德普特（Alexander Van de Putte）博士、埃尔维·德·卡穆瓦（Herve de Carmoy）、亚历山大·阿德勒（Alexandre Adler，《费加罗报》）。

众多学术机构专门为我们举行了研讨会，我们从中收获极大，对报告的最终形成也至关重要。这些学术机构包括：得克萨斯大学 LBJ 公共事务学院、圣母大学国际安全项目、斯坦福大学、新墨西哥州大学、印第安纳大学公共与环境事务学院以及中东研究中心、弗吉尼亚大学弗兰克·巴腾领导力与公共政策学院、海军研究生院、宾夕法尼亚州立大学。

得克萨斯农工大学布什学院举办了为期两天的推演活动，以检验“美国未来权力及其对国际体系影响”理论。“美洲国家对话组织”在乔治敦大学举办会议，探讨全球趋势对拉美的影响。塞尔吉奥·比塔尔（Sergio Bitar）先生在思考这些影响时尤其活跃。位于马萨诸塞州坎布里奇的“托宾工程”（Tobin Project，致力于寻求弥补学者与政府人员间的认识鸿沟），将来自全国各地的学者们聚在一起给报告草稿提建议。为报告草稿提供建议的其他美国机构还包括：圣菲研究所、美国国家航空航天局、布鲁金斯学会、新美国安全中心、兰德公司、欧亚集团、舜全（CENTRA）电子公司、脸谱公司、推特公司、谷歌公司、思科公司、布鲁姆公司、奴门塔（Numenta）公司和阿斯彭安全论坛。

海外人士也给我们提供了极大帮助。欧盟最近的全球趋势报告（由欧盟安全研究所前主任阿瓦罗·德·瓦斯索洛斯（Alvaro de Vasconcelos）博士领导，与我们的《全球趋势》报告在时间上几乎同时进行。我们就相同的议题举行了数次会议，相互学习。参与欧盟全球趋势报告的詹姆斯·埃尔斯（James Elles，欧洲议会成员）、特里谢·泰博（Jean-Claude Thebault，欧盟委员会欧洲政策顾问局总干事）和若昂·马克斯·德·阿尔梅达（Joao Marques de Almeida）博士，以及李·舒尔特·诺德霍尔特（Leo Schulte Nordholt）、马修·瑞斯（Matthew Reece），均就欧洲及世界的未来提供了深刻见解。瑞典外交部长卡尔·比尔特（Carl Bildt）为我们主持召开了午餐讨论会。来自瑞典的其他学者，如拉斯·赫斯特洛姆（Lars Hedstrom）博士（国防学院院长）、本特·桑德里尔斯（Bengt Sundelius）教授（民事防护局）、安娜·扎德菲尔特（Anna Jardfelt）博士（瑞典国际事务研究所所长）和季北慈（Bates Gill）博士（斯德哥尔摩国际和平研究所所长）也激发了我们的思考，或者为我们举办专门研讨会。在英国，威尔顿·帕克（Wilton Park）主持了外交和联邦事务部与国家情报委员会的联合会议，探讨中东地区的未来。罗宾·尼布赖特（Robin Niblett）博士（皇家国际事务研究所所长）一直与我们进行定期交流，这次又特别为我们组织了数次研讨会。在法国，布鲁诺·特尔特拉伊斯（Bruno Tertrais）博士（巴黎战略研究基金会研究主管）主持了一次圆桌讨论，对于我们认知欧洲未来极有帮助。我们也受益于与尼古拉斯·里戈（Nicolas Regaud）、纪尧姆·德·鲁格（Guillaume de Rouge）两位博士（国防部战略事务司）就其著作《战略地平线》的交流。在荷兰，贾尔·范德华（Jair van der Lijn）博士在智库国际关系研究所（Clingendael）围绕报告草稿安排了热烈的讨论。在加拿大，彼得·帕德伯里（Peter Padbury）博士（Horizons office）以及其他来自政府机构的专家们，跟我们分享了他们的研究成果，并就报告草稿和未来趋势研究的方法论问题召开了研讨会。阿联酋外交部长安瓦尔·卡尔卡什（Anwar Gargash）博士主持了一次讨论，向我们阐述了阿联酋对于全球趋势的看法。

在中国，我们受到了中国现代国际关系研究院、中国国际问题研究所、中国当代世界研究中心、上海国际问题研究院、中国国际战略研究基金会的热情接待。这些机构自身对全球趋势的研究相当先进。在新加坡，总理办公室国家安全协调中心高级主任郝平宣（Ping Soon Kok）博士为我们安排了为期一周的系列交流活动，反映了专家们对于未来的深度思考。在印度，观察家研究基金会政策研究中心、国际问题研究中心（Gateway House）、和平与冲突研究中心、防务研究所为我们举办了讨论会。在俄罗斯，世界经济和国际关系研究所所长亚历山大·邓金（Alexander Dynkin）博士主持了会议，我们比较了该所的《世界展望2030》与我们的《全球趋势2030》报告。

我们还访问了数个非洲国家，听取他们对于报告草稿的看法。在南非，除了会晤政府官员，我们还与南非国际事务研究所、安全研究所进行了探讨。在尼日利亚，我们会晤了政府官员，得到了肯·纳马尼（Ken Nnamani）中心、民主与发展中心、和平与争端解决研究所、非洲经济研究中心的接待。在肯尼亚，我们向总统国家安全咨询委员会作了简报，并与肯尼亚公共政策研究和分析研究所、联合国人居署办公室人员进行了会谈。在埃塞俄比亚，“冲突早期预警与应对机制”主任马丁·科姆埃（Martin Kimai）博士组织了研讨会，讨论报告草稿。我们参加了“全球未来论坛”在博茨瓦纳举办的研讨会，并与来自各大洲的技术实践者们交流。在巴西，我们拜访了费尔南多·卡多索研究所、国际关系研究所、IBM巴西研究中心和圣保罗州研究支持基金会。

“全球趋势2030”博客是这次新版“全球趋势”报告的一大创新，它推动了围绕关键议题的广泛讨论。依靠情报界诸多人士以及其他专家们的帮助，我们开展了一周一次的主题讨论，这些人士包括：丹尼尔·特文宁（Daniel Twining）、阿什·珍（Ash Jain）、威廉·伯克—怀特（William Burke-White）、托马斯·麦肯（Thomas Mahnken）、彼得·费韦尔（Peter Feaver）、杰基·纽麦尔·迪尔（Jackie Newmyer Deal）、史蒂夫·韦伯（Steve Weber）、安德鲁·艾德曼（Andrew Erdmann）、威廉·因博登（William Inboden）、理查德·辛克塔（Richard Cincotta）、拉尔夫·恩斯帕克（Ralph Espach）、艾伦·达夫（Allan Dafoe）、霍华德·帕赛尔（Howard Passell）和福村（Cung Vu）。

我们尤其感谢苏珊·尼尔森（Susan Nelson）、克里斯蒂娜·

康德利（Christina Condrey）、雷切尔·华纳（Rachel Warner）、朱迪斯·范·扎伦（Judith Van Zalen）以及国务院情报和研究局的内特·普利斯（Nate Price）等美国政府人员。他们花费了大量时间安排我们与外部组织及专家的会谈。